日本株
独学で60万円を7年で3億円にした実践投資法

堀 哲也

日本実業出版社

はじめに――誰でも得られる情報で勝ち組投資家になる方法

■個人投資家でも大口投資家に勝てる！

株式投資をしていて、「この銘柄が上がりそうだ」――そう思って買ってみたけれど、買った時がほぼ天井で、あとは株価が落ちるばかり。

上がると思ったきっかけの情報はすでに大口投資家（銀行や生保などの機関投資家）が知っていて、自分は大口が利益確定する高値を買わされただけ……。

株式投資をした経験がある方なら、誰もがそんな経験の1つや2つあると思います。

投資の判断となる重要な情報は、情報力のある大口投資家は自分で集めることができますが、個人投資家がニュースなどで知った時には、すでに大口投資家が仕込み終わったあと……ということは日常茶飯事です。株式投資は情報が大事だと言われるゆえんです。

それでは、一般の個人投資家は勝ち組になることはできないのでしょうか?

いいえ、そんなことはありません。大口投資家に先んじて投資することができればいいのです。

しかし、大口投資家のように独自の情報網を持たない個人投資家が先んじて投資するためには、どうしたらいいのでしょうか。

株式投資では、株価が一時的に上げすぎたり、下げすぎたとしても、銘柄の真の価値を大幅に超えていたり、割安になりすぎた株価は最終的には是正され、適正な水準に戻っていきます。

冒頭に書いたように、自分が買った後に株価が落ちていったパターンで考えると、情報を先に知っている大口投資家が先に買うことによって株価が本来よりも高くなっており、自分が買った後に、本来の株価に戻っていったということです。

したがって、誰にでも得られる情報で勝ち組投資家になる方法は、そうした情報によって投資家全般の評価と本当の評価の歪みを発見することが肝になります。

要は、**自分以外の投資家が過度に割安に評価している銘柄を買い、その銘柄が正当な評価を受けるまで待つ**わけです。

■市場の歪みの中で安くなった株を狙う

ただし、割安であればどんな銘柄でもよいわけではありません。評価の是正が見込める銘柄を選ぶ必要があります。

例えば、業績が良いにもかかわらず割安のまま放置されている銘柄があったとします。日本では3000以上の銘柄が上場しているわけですが、あまり注目されないマイナーな銘柄が割安で放置されていたりします。

そして、そのような銘柄は半永久的に割安のまま放置され、株価が上がらなかったりします。そういう銘柄を選んでいては、いずれ株価は上がるのかもしれませんが、時間がかかりすぎます。

しかし、そのような銘柄でも、決算で上方修正が出る、などのきっかけにより、投資家の注目を集め、割安さが解消されることもあります。そのような、**「何かのきっかけ」が見込める銘柄をあらかじめ探して購入しておけば、割安さが解消される過程で利益を出すことができる**わけです。

そして、そのような投資は、特別な情報を持たない個人投資家であってもすることができます。一番簡単なパターンは、市場全体が歪んだ評価をしている時期に投資することです。

例えば、平成20年（２００８年）のリーマン・ショックの時には、世界中の株式が暴落しました。会社業績を落としていない銘柄もたくさんありましたが、そういう銘柄も例にもれず株価が暴落しました。そして、業績の落ちなかった銘柄は、リーマン・ショックが落ちつくと株価を戻しました。

これにより、リーマン・ショックのような非常時には市場の歪みが確実に発生していたことがわかります。

そこまでいかなくとも、平成27年（２０１５年）8月に中国の景気後退観測から一時的に株価が急落し、世界中の株式が全面安の展開になりました。

しかし、よく考えてみれば中国に製品を輸出している会社ならともかく、中国に縁もゆかりもない銘柄であれば、業績にほとんど影響は出ないはずです。にもかかわらず、そうした銘柄まですべてが売り込まれました。

また、平成28年（２０１６年）の11月にトランプ候補がアメリカ大統領に決まった時も、一瞬ですが株価が全面安の暴落になりました。しかし、トランプ大統領の経済政策が暴落するほど悪いわけではなく、混乱が収まると一晩で株価は反転しました。
こうした市場の歪みを知り、その結果、必要以上に割安になった銘柄を買えば、株価が戻る時に利益を出せるわけです。

それ以外にも、第3章で詳しく紹介いたしますが、公にされている情報から業績を予測し、上方修正が見込める銘柄を見つけることができれば、あらかじめ仕込んでおき、上方修正の発表を待って株価が上がった時に売って利益を出すことができます。冒頭の大口投資家のようなことができるわけです。

このように、何らかの方法で市場評価と本当の評価の歪みを見つけ、歪みが是正される過程の売買を繰り返すことができるようになれば、勝ち組投資家になることができます。
本書では、その方法を紹介していきます。

ここで注意点があります。本書では、私が資産を築いた具体的な方法を記載させていただいていますが、その方法はある程度リスクの高いものです。
投資というものはリスクをとった者が利益を得られる世界です。場合によっては元本が全部毀損するようなこともあります。

数年間で、何十倍、何百倍にも資産を増やすためには、リスクは高いけれど、リターンも大きい投資方法を時にはとらなければならないケースもあります。もちろん、闇雲に投資するのではなく、しっかりとした銘柄選び、という基本的な、投資の王道と言える方法も併用しながら行います。

ですから、本書の投資方法は、これは、という時に大きく勝負するための教科書として使っていただければ幸いです。

なお、投資というものは、その結果は投資した本人が自分で受け入れなければなりません。本書に限らず、書いてあったことを実践して不利益を被ったからといって、誰も損失を補填してはくれないのです。

それでも資産を増やしたい、あるいは、60万円を3億円にした方法が、どのようなやり方なのかを知りたいという方に向けて本書を書きました。

本書をもとに、資産を増大させ、より充実した投資人生、ビジネス人生を送られることを祈念しております。

2016年12月

堀　哲也

CONTENTS

日本株　独学で60万円を7年で3億円にした実践投資法◉目次

第2章 成功する人は他の投資家が買いたくなる銘柄を先に買っている

第3章 投資すべき銘柄の選び方

CONTENTS

第5章 他の投資家の心理を読めば勝てる！

CONTENTS

第7章 資産3億円を達成するために必要な自己コントロール

CONTENTS

第8章 資産を大きく増やした実践投資法を公開

※本書は、株式投資の際に参考となる情報の提供を目的として著者の経験を基に記述されているもので、1つの意見です。実際に株式投資をするさいの最終的な判断は、必ずご自身でなされてください。

装丁／吉村朋子
本文組版／一企画
企画協力／ネクストサービス株式会社　松尾昭仁

第1章

資産3億円を目指すための投資戦略

1 株で少しずつ儲けるだけなら、実は難しくない

皆さんは、株式投資というものにどのようなイメージを持っているでしょうか。

この本を手にとっている方でしたら、ある程度は株式投資を経験されているか、どんなものかは簡単には知っている方が多いでしょう。

そして、儲けるのは難しい、あるいは一握りの限られた人だけが儲けられる、というイメージを持っているのではないでしょうか。

確かに、株式で資産を10倍、100倍と増やすことができる人は少ないかもしれません。しかし、年に3%程度増えればよいと考えているのであれば、実はそんなに難しくありません。

株式投資といっても、投資方法は無数に存在します。

例えば、私の周りにも株主優待銘柄を買って、株価の値上がりにはあまり期待せずに、

毎年の株主優待や配当を楽しみにしている方がたくさんいます。

このような方々は、余分な資金を投資して、毎年優待をもらえれば十分と考えています。

実際に、多くの優待銘柄は株価が暴落するようなことはまずないので、皆さん大したリスクをとらずに優待と配当という果実を手にしています。

ある意味、これは王道な投資ですし、そんなに難しいことをしているわけではありません。自分がよく使う商品を扱っている優良会社の株を持っているだけですから。

ただ、**こうした優良銘柄に投資する方々が、株式投資で億単位の資産を作ることはまずありません。**

優待商品は自分で消費することを想定していますし、換金するにしてもほとんどの銘柄は株数を増やしても株数に比例して優待の量が増えるわけではありませんので、資産が増えれば儲けることが難しくなるからです。

では、配当についてはどうでしょうか。

日本株式で再投資を前提として配当利回りが高い銘柄を探すと、あまりに配当利回りの高い銘柄は業績に対してなんらかの不安があります。ある程度、業績が安定した国際優良銘柄などを選ぶと、配当利回りは高くて3％程度になります。

逆に言うと、先ほど述べたように年3％程度でよいのでしたら、全体相場の暴落等のリスクはあるものの、株をただ持っているだけで資産を増やし続けることができます。

その方法も、一度選んだ国際優良株を持ち続け、その会社の業績に問題がないか3か月ごとにチェックする程度ですので、そんなに難しくありません。そして、景気の上下はあるにせよ、3％の配当を再投資していけば、複利で24年もすれば資産は倍になります。

このように、年間3％程度の利益で満足できるのであれば、本書に記載しているようなリスクの高い投資を行う必要はありません。

この本で取り扱うのは、**数十万円の資金から億単位の資産を構築するリスクの高い投資方法**です。それを踏まえたうえで、この先を読み進めてもらえればと思います。

2 3億円を目指すための道のり

私はリーマン・ショックで資産を60万円まで減らしながら、最終的に資産を3億円まで増やしました。それだけ聞くと、途方もない道のりを進んできたか、あるいはとんでもない博打に勝ったかと思われるかもしれませんが、そんなことはありません。

というのも、**投資の世界では、60万円を120万円にするのも、1億円を2億円にするのも、手間とかかる時間はおおむね同じ**です。

どちらも投資額を2倍にするだけです。こう考えると60万円を3億円にしたとしても500倍。資産2倍を9回達成すればよいことになります（次ページ図参照）。

ですので、60万円を2倍にする投資を3回達成して500万円くらいまで増えれば目標の3分の1達成。4000万円くらいまで増えて3分の2達成といえます。

60万円を120万円にするのは、そんなに難しくないような気がしませんか？

実際は、結構難しいのですが、これができればあとは同じことを9回するだけで3億円になるわけです。

必要条件は、得た利益をすべて再投資することだけです。このように利益をすべて再投資して複利の力を利用するのは、大きな資産を作るための絶対条件ですが、逆に言うと、それさえきっちりできれば、あとは**資産2倍を何回達成するかだけの問題**になります。

■60万円から３億円を目指す道のり

２倍

60万円
× 2 ……①回
120万円
× 2 ……②回
240万円
× 2 ……③回
480万円 ← **３分の１達成**
× 2 ……④回
960万円
× 2 ……⑤回
1,920万円
× 2 ……⑥回
3,840万円 ← **３分の２達成**
× 2 ……⑦回
7,680万円
× 2 ……⑧回
15,360万円
× 2 ……⑨回
30,720万円 ← **３億円達成！**

3 とるべき投資戦略を選択する

それでは、質問です。あなたは何年で、資産をいくらまで増やしたいですか。

私の場合は目標ではなくて結果ですが、7年で60万円を3億円にすることができました。

7年は無理でも、多少余裕をみて9年ならどうでしょうか。

9年であれば、元の60万円を1年間かけて2倍にし続けるだけで達成できます。本書に示すようなリスクの高い投資をすれば、1年で2倍という数値は決して難しい目標ではありません。

具体的に自分の目標額を考えてみましょう。資産を何倍に増やしたいのですか？

私の実績では3億÷60万＝500倍ですが、いまの自分の資産と目標とする資産額を決め、何倍にすれば目標が達成できるかを計算しましょう。100倍でも1000倍でも構いません。その数値を「目標資産倍数」として覚えておきます。

■エクセルで年間の目標倍率を計算

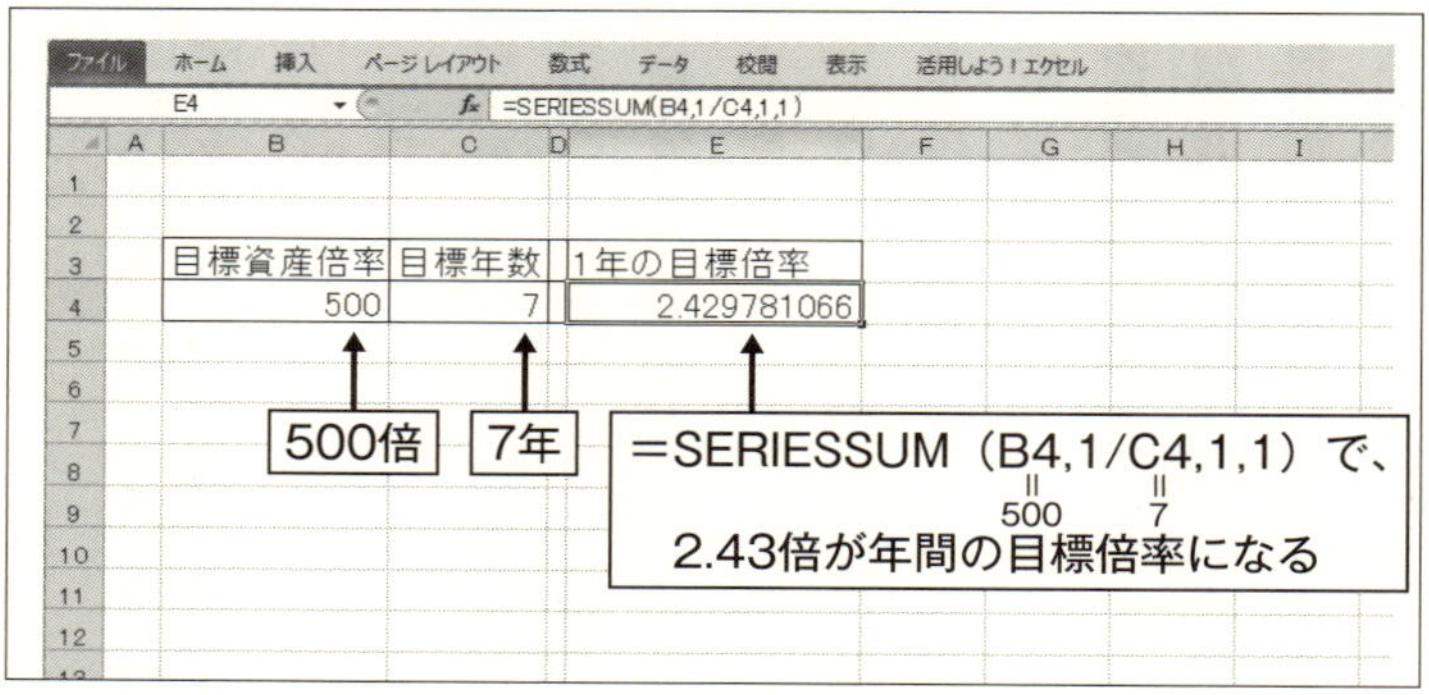

60万円を7年で3億円にした私の例では目標資産倍率は500倍、目標年数を7年とする。

次に、何年で目標となる資産を得たいのかを決めます。その年数を「目標年数」とします。

この2つの数値から、1年で資産を何倍にすれば達成できるかを計算してください。

1年の目標倍率は、エクセルで「＝SERIESSUM（目標資産倍数，1/目標年数，1,1)」と入力すれば計算できます。

ここで出てきた数値が1年で資産を何倍に増やせばいいかの目標数値となります。私の実績で計算するとSERIESSUM（500,1/7,1,1)＝約2・43倍となりました（上図参照）。

この数値が3倍を超えるようだと目標年数を考え直したほうがいいかもしれませんが、2～3倍以内であれば十分達成することは可能です。

ただし、株式投資は不確実性を伴いますので、目標以上に稼げる年もあれば、ほとんど稼げない年もあります。ですから、平均して、ということになります。

目標年数の間、目標の倍数だけ資産を増やすことができれば、目標である億単位の資産を築けるとなれば、できそうだと思えませんか。

本書ではリスクの高い投資方法をお伝えしますが、毎年2倍くらいに資産を増やしながら目標資産を目指すことを目標にしたいと考えています。

4 資産を激増させるためには集中投資を

前項の内容と矛盾する話のようですが、**億単位の資産を作るためには投資を始めた最初のうちに一度くらいは勝負したほうがいい**と思います。ここで言う「勝負」とは、集中的に1銘柄に投資することを意味しています。

というのも、資産規模が大きくなってくると、失敗した時に取り返しがつかないことと、特に小型株の場合は出来高が少ないため、大きな金額を1～2銘柄に集中投資することが難しくなるからです。そのため資産規模が大きくなるほどパフォーマンスが落ちるということが発生します。そうすると1年の目標倍数を達成するのが困難になってきます。

そのため、資産規模が小さく、失敗しても取り返しがつくうちに、大勝負で大きく資産を増やす選択肢はありだと思います。私も資産が少ないうちは1銘柄に信用二階建て（現物株を担保にして同一銘柄をさらに信用取引で買うこと）で勝負しました。

そのようなさらにリスクの高い投資（人によっては投機と言うでしょうが）も、最初のうちであればできます。

集中投資をすることによって資産が一気に増えれば、目標とする資産までの倍率を大きく下げることができますし、また、株式投資を行うにあたり精神的に大きく成長できます。

ですので、資産規模が少ないうちに1銘柄集中投資をやってみるとよいと思います。そこまでできないという方は普通に分散投資をしながらでも構いません。

また、資産がある程度増えてくると、失敗した時に取り返しがつかなくなりますので、しっかりとしたリスク管理が必要となります。最低限、持ち株の中の1社が倒産しても、致命傷にならない程度にしておく必要があります（182ページ参照）。

5 投資の経験を積む

株式投資をしていると、失敗・損失は絶対に避けて通ることはできません。私もいまだに多くの損切りをしています。

しかし、失敗するたびに原因を自分なりに分析して、同じ失敗をしないように今後気をつけるようにすることで、どんどん投資が上手になってきます。

また、他人の失敗からも学ぶことができれば、さらに早く上達することができます。第7章で経験を積むために有効な自己コントロールの方法について述べていますので、参考にしていただきながら、皆さんができるだけ経験値を持った状態で投資できるようになればと思います。

精神力についても同様で、経験によって鍛えられます。私も投資を始めた頃は、わずかな損失でも気になりましたが、何度も成功・失敗を繰り返すうちに、億単位の投資をしても平常心でいられるようになりました。

誰だって、初めて投資をする時は本当にうまくいくのか気になるものです。しかし、最初のうちは投資額を自分の資産に比べて非常に少ない額に抑えておけば、多少株価が下がったところで平常心でいられます。

100万円しか持っていない人が100万円投資して30万円の損失を出したら、初めてであれば平常心ではいられないでしょうが、1億円持っている人が100万円だけ投資して30万円の損失を出したとしても、それほど気になりません。

そして、成功しても失敗しても、経験を積んで少しずつ大きな額に慣れていけば、段々と規模の大きな投資に慣れてきます。

第1章のポイント

〈3億円を目指すための考え方〉

- **株で少しずつ儲けるのは難しくない**
- **60万円を2倍。さらに2倍を9回繰り返すと3億円になる**
- **利益はすべて再投資する**
- **早いうちに集中投資を経験するとゴールが近づく**

第2章

成功する人は
他の投資家が買いたくなる
銘柄を先に買っている

1 株で儲ける人は株価の歪みに気づいている

「株式投資で儲けている人は、どんな人ですか？」

この疑問に対して、なんとなくイメージしたことはあっても、具体的に理由をしっかりと考えた方は少ないと思います。

株式市場では、長期投資と短期投資では投資方法がまるで別物ですから、まずは短期投資について考えてみましょう。

短期投資で成功している投資家というと、株価が上がる前に仕込んで、何か材料が出て株価が上がった時に売ることができる人というのが、ぱっと思いつくイメージではないでしょうか。

では、その株価が上がる材料を事前に誰もが知っていたらどうでしょう。

当然、材料が出る前にみんな買いますよね。逆に、材料が出た後に株を買う人はほとんどいないはずです。

そして、現実問題として、株式投資というものは、株式を買いたい時は誰か売ってくれる人がいないと買うことができませんし、売りたい時は誰かに買ってもらわないことには売ることができません。

逆に言うと、株式投資で儲けるためには、安値で売ってくれる人と高値で買ってくれる人がそれぞれ必要だということになります。

ですので、材料を事前に誰もが知っていれば、株を高値で買ってくれる人なんていませんので、その材料で儲けることはできないことになります。

結局のところ、株式投資で全員が同じように儲けることは不可能だということです。

こう言うと、当然のことながら、長期投資であれば、全員が配当で儲けることができるのではないかという反論があると思います。

大きな資金があり、その大部分を配当のための株式購入に充当するような長期投資であれば、確かに真実ではあります。ただ、本書の趣旨として、数年程度の短期間で億単位の資産を形成することを念頭に書いていますので、そのレベルの長期投資は別物と考えてください。

そのような長期投資を除外すれば、株式投資で全員が儲けることはできないということです。

つまり、短期投資で儲けるためには誰かに株を安く売らせて仕込み、誰かにババ（高値の株）を買わせなければならないわけです。

どれだけの人が、それを実行できるのでしょうか。過半数の人ができることはあり得ません。

過半数の人が同じ意見を持ってしまえば、株価はその意見に収斂《しゅうれん》し、市場評価と本当の評価の歪みなどなくなってしまうからです。ですので、周りと同じ意見を持っている人は市場の歪みを見つけることができず、儲けることができないのです。

そうです。株式投資の世界で、そして**短期投資の世界で勝ち残るには、他の投資家が買いたくなる株を先んじて買い、そして、いずれ誰かに高値で買ってもらわなければなりません。**

株式投資の世界というのは、中でも短期投資の世界は、世界中の投資家が相手の富を奪い合おうと争っている戦場なのです。

あなたが株式投資で儲けるためには、その戦場の中で勝ち残らなければなりません。このことをしっかりと認識したうえで、株式投資に臨んでください。

2 市場の歪みが認識されるきっかけが出た時に株価が上がる

「株価は、どういう時に上がるのでしょうか?」

株というものは、どう考えても高すぎるのに上がり続ける株もあれば、割安でも全然上がらない株もあります。では、株価はどういう時に上がるのでしょうか。

まずは、株の取引そのものの簡単なしくみについて考えてみましょう。

株を売買するには、売買の相手が必要になります。つまり、自分がA社の株を1000円で1000株買いたいとします。その時に、世界中のどこかに、A社の株を1000円以下で計1000株以上売りたい人がいないと買うことはできません。

逆に、株を売る時も同様で、A社の株を1100円で1000株売りたい時も、どこかに1100円以上で計1000株以上買いたい人がいない限り売ることができません。

さらに、どこかにA社の株を1000円で1000株売りたい人がいて、自分が100

0円で1000株買いたいと思っていても、世界中のどこかにA社の株を1001円で買おうとする人がいれば、全部買うことはできません。買いたい人がたくさんいる場合、高値で買おうとしている人が優先されるためです。

このように世界中の人の買いたい・売りたいが集まって、株価が形成されます。そして、株価というものは、その値段以上で買いたい人とその値段以下で売りたい人の数が同じになるところに収斂します。

株を売買する時の株価は、株を買いたい需要と、株を売りたい供給の両方（＝需給）のバランスによって決まるということです。

こう考えてくると、株価が上がるということは、なんらかのきっかけでいままでよりも高値でも買いたい人（需要）が増えたということです。逆に言うと、**株価が上がるためには高値でも買いたい人が増えるためのきっかけが必要**であることになります。

先ほど、「株で儲ける人は株価の歪みに気づいている」と書きましたが、その人たちは、市場の歪みによりその株が上がることを事前に読んでいて、先にその株を買っている人たちです。そして、その後、なんらかのきっかけがあって、高値でも株を買いたい人が増えたために株価が上がり、儲けられるのです。

抽象的な話だとわかりにくいので、もう少し具体的な例で説明しましょう。

犯罪なので実際にはできませんが、インサイダー取引（業績の上方修正などの内部情報を事前に知って行う取引）の例がわかりやすいので、挙げておきます。

ある会社のインサイダー情報を持っている人は、市場の評価と真の評価の歪み（違い）を知っていますので、事前にその株が上がる（あるいは下がる）ことを知っています。ですので、事前に情報に基づいてその株を買う（あるいは売る）ことができます。

この時点で、情報を知っているのは少数派です。しかし、その情報が公開されると情報を知っている人は多数派になります。そして、公開された情報により、その株を買いたい（あるいは売りたい）人が多くなり、株価は上がる（下がる）ことになります。

もう1つ、はるか昔に通用した例ですが、日本経済新聞の朝刊に業績の先取り予想などのニュース（材料）が載ると株価が上がるというものがあります。

日本経済新聞で材料の出た銘柄を朝一番に買えば、昼には儲けて利益確定することができました。

その当時は、日本経済新聞を読んで即投資する人が少なかったのですね。日本経済新聞の朝刊を見て投資する人は少数派だったため、朝一番の寄りつき（その日、最初についた価格）であれば、まだ上がっていない安値で株を買うことができました。

そして、午前中にニュースなど様々なメディアで日本経済新聞に掲載された材料が投資家に知れわたると、材料を見て買いたいという投資家が多数派になってきます。そして、買いたいと思う多数の投資家が一気に買って株価を押し上げることにより株価が上がるわけです。

いまでは、日本経済新聞の朝刊よりも早いメディア（有料）がありますので、この方法は通用しません。しかし、多数派よりも先に仕込み、その後多数派が株価を上げてくれることで自分が儲けることができるという構図はいまも昔も変わりません。

要するに、この構図を想定して株の売買をすることが重要になります。

3 業績が良い・割安でも株価が上がるわけではない

「業績が良くて割安な株を買っているのに株価が上がらない」

このような悩みを持つ投資家は多いと思います。特に、会社の業績や財務を重視するファンダメンタルズ（株式投資においては、財務や業績など企業活動のための基礎的な要素を指す）を中心に銘柄を探す投資家に多い悩みです。

ファンダメンタルズ投資家の方は、好業績かつ割安な銘柄を探すのが大好きです。しかし、いかに好業績かつ割安であっても、その株を買いたい投資家が増えなければ株価は上がりません。

実際には、同じファンダメンタルズ投資家が同じ視点で目をつけて買ってきたり、地合い（相場の雰囲気や流れ）に合わせた株価の上下で多少は株価が上がることはあります。

ただし、ファンダメンタルズ投資家が、いくら「この株の適正株価は○○円だから、その近くまで上がる」と言っても、そのようなことは稀です。

しかし、前項で述べたように、どのような時に株価が上がるのかがわかると、好業績かつ割安な株の株価が上がらない理由もわかってきます。

自分が買った後、買いたい投資家が増えることにより株価が上がるという原則の逆を考えてみると、**後から買いたい投資家が増えなければ株価は上がらない**ということです。

得てして好業績かつ割安な株というのは、出来高も少なく割安な株価に放置されたまま大きな値動きをしません。ある意味、人知れず割安に放置されているとも言えます。

このような株はデイトレーダーのような短期投資家には魅力がありませんので、そのような投資家に見向きもされませんし、テクニカル的にも底値圏のチャートの形をしていますので、チャート重視のテクニカル投資家も敬遠します。

つまり、たまたまその銘柄の業績を見たファンダメンタルズ投資家しか、新たな買い手がいないのです。それも本当に好業績かつ割安であったとしてもです。

では、どのような銘柄を選べば株価が上がって儲けられるのでしょうか。

それは、**株価が上がるきっかけがある株を選ぶこと**です。

1つの例として、あなたがファンダメンタルズ重視の投資家であれば、業績の上方修正が見込める銘柄を買うということです（第3章参照）。

すべての上場企業は3か月に1回決算を発表します。決算を機に銘柄を売買する投資家はそれなりにいますので、決算発表によりインパクトのある業績の上方修正をすれば、新たにこの銘柄を買いたい人が現れて、株価を押し上げます。結果として、あらかじめそれを予想して株を買っていた人が儲けられるわけです。

会社の決算発表というのは、その銘柄が注目されるきっかけの1つになります。

決算発表に限らず、その銘柄が注目されるきっかけが思いつく銘柄を選ぶことが大事です。注目されるきっかけさえあれば、買いたい投資家の目にとまり、買いたい人が多数派になるので株価は上がり始めます。例えば、「3928　マイネット」は前期の売上は30億円でしたが、平成28年（2016年）2月に今期（平成28年）売上予想60億円を出した翌日から株価が急騰しました。

では、どうしたらその銘柄が注目されるようになるのでしょうか。自分以外のプレイヤーの主な思考を先読みして考えます。

ファンダメンタルズ投資家の場合は、先の例で説明した通りです。

では、テクニカル投資家の場合は、どうでしょうか。

テクニカル投資家は、チャートの形を見て上がりやすそうな銘柄を好みます。「このチャートは上がる形をしているから買い」というように考えるのです。ですので、彼らの思考を先読みするためにも、テクニカルの基本を学ぶ必要があります。第5章で簡単に説明いたしますので、そちらを参照してください。

では、デイトレーダーの場合はどうでしょうか。こちらは需給が崩れて勢いの出た株を狙います。こちらも第5章でもう少し詳しく説明いたします。

いずれにしても、**投資対象としては、これらの投資家のうち、いずれかが今後買ってくれそうな銘柄を選ぶことが大事**だということを忘れないでください。

第2章のポイント

〈上がる株には理由がある〉

- **株価が上がるためには、上がる「きっかけ」が必要**
- **「きっかけ」のない株は、業績が良くても割安でもなかなか上がらない**
- **「きっかけ」を知るために他の投資家が考えることを読む**
- **誰も認識していない市場の歪みに多くの投資家が気づいた時に株価が上がる**

第3章

投資すべき銘柄の選び方

1 どのような銘柄なら儲けられるのか

この章では、実際に投資する銘柄の探し方について説明していきます。
株式投資を行う時に、最初に考えなければならないのは、どの銘柄に投資するかです。
実際、どのような銘柄を選べば、儲けることができるのでしょうか?

投資家によって、割安な銘柄を選ぶ人や成長性・将来性のある銘柄に投資する人、チャートの形を見て投資する等、様々な人がいます。

これらの多くの人に共通する究極の銘柄の選び方は、「はじめに」で述べたように、「会社の真の評価と市場の評価のギャップがある銘柄」を選ぶことです。なんらかの理由で、異常に割安に売り込まれている銘柄とも言えます（空売りする場合は異常に買われすぎている銘柄）。

真の評価と株価とのギャップはいずれ解消されるものですから、「会社の真の評価ができる目」を養うことにより、そのギャップをとりに行くことで儲けることができるわけです。では、どうやってギャップのある銘柄を探すのでしょうか。

その方法を説明していきましょう。

2 どうやってギャップある銘柄を探すのか

銘柄を探すといっても、日本に上場企業は3000社以上もあります。その中から条件を満たす銘柄を探すのはとても骨が折れる作業です。実際、ほとんどの銘柄には期待するようなギャップはないわけですから。

ですので、ここでは私がどのように銘柄を探しているのかを説明します。


1つめは、**「ヤフー！　ファイナンスの銘柄掲示板」**です。

勝ち組投資家の中には、ヤフーの掲示板は見る価値がないから見ないという人も結構いますが、私は利用しています。ただし、情報は玉石混淆のため、自分で情報を判断できるだけの目を持っている必要はあります。

具体的にどうやって探すかですが、まずは、**ヤフー！ ファイナンス株式ランキングの中で検索数が上位の銘柄をチェック**します。特に前日順位が低いにもかかわらず、順位を上げてきた銘柄です。このような銘柄は、なんらかの材料が出たりしてランキングが急騰した銘柄です。

そのような銘柄は株価の急騰材料が出ていながら、株価はまだ初動という場合があります。そういう銘柄は投資対象になる可能性があります。

また、**出来高増加率上位銘柄**もチェックします。

前日の出来高が少ないことによりランキングされている銘柄は除外します。ヒット率は低めですが、ここにもまだ初動の銘柄があることもあります。

それから、ランキングで上位に出た銘柄の掲示板で他の銘柄の宣伝をしている方が推奨している銘柄もチェックすることがあります。時々掘り出し物があったりします。ただし、これは時間がある時しかやりません。

また、ヤフー！ ファイナンスの掲示板には、書き込み内容が投資判断の参考になる投稿者もいます。そうした投稿者をあらかじめお気に入りに入れておき、その人の投稿銘柄をチェックします。

これらの銘柄はなんらかの動きがある銘柄ですので、こうやってチェックした銘柄から投資対象がないかを探していくわけです。

私は『四季報』を見れば一日で95％以上の銘柄を却下できるので、ある程度の銘柄数を一気にチェックできます（やり方は第4章参照）。逆に、即却下した銘柄は記憶に残りませんので、同じ銘柄を再度チェックすることもあったりします。

2つめは、**「株探」**（https://kabutan.jp/）です。

このサイトの銘柄検索のページでは、ファンダメンタルズ的な面からもテクニカル的な面からも投資すべき候補の様々な銘柄を紹介しています。

本来は、多くの銘柄の決算数値を入力して、比較計算しないと出てこない銘柄の比較表が一覧にまとめられていますので、たくさんの銘柄を比べながら投資先を選びたい人にとっては、銘柄を探す手間をかなり省くことができます。

また、多くの投資家が銘柄選定の際に重視する項目が並んでいますし、ページには項目の説明もありますので、なぜこの項目が重要なのかわからない人にとっては、説明を読むだけでも勉強になると思います。

具体的な銘柄選定の方法は55ページから示しますが、私は進捗率から見た業績上方修正の有望銘柄を選ぶために使用しています。

3 投資候補から除外すべき銘柄とは

ただし、前項で挙げたような銘柄を全部チェックするとなると膨大な数になりますので、ここで対象をある程度絞ります。

例外もありますが、以下のような銘柄は調査対象から除外します。

除外する銘柄その1↓

日経225採用銘柄、または時価総額が1000億円以上の銘柄

要するに一流企業ということですね。年に数パーセントの利益を積み重ねる投資であれば選択肢としては正しいですが、数十万円の元手から億単位の資産形成を目指す本書の趣旨を考慮すると、選択肢としては残りません。このような会社は株価が何倍にもなるような大化けをすることはまずないからです。

さらに、このような一流銘柄は、大口投資家が主要銘柄の1つとして持っていることが多く、またプロの海外投資家も十分分析しているため、株価が真の価値と乖離することが皆無です。ギャップをとりに行くという点からも、プロの大口投資家を大勢相手にする意味からも避けたほうが無難と言えます。

除外する銘柄その2 ➡ 買いの理由が弱い銘柄

掲示板にせよ、別の何かにせよ、投資候補として選んだ銘柄には何かの買いの理由があるはずです。掲示板で銘柄を探したのであれば、その銘柄の掲示板の投稿内容を読んでみましょう。

たいてい誰かが、その銘柄を買う理由を書いてくれていますので、調べる手間が省けます。そして、その理由が真に投資に値するかを自分で判断します。

まず、その投稿内容を見て、これはすごいと思えるかどうかです。ここでピンと来ないようでしたら、その銘柄の良さがわからないか、大した魅力がない銘柄ですので、その銘柄に投資するのは避けたほうが無難です。

何か、その銘柄に特別な魅力を感じた時にさらに詳細に調べていき、その銘柄に投資すべきかどうかを判断するわけです。

除外する銘柄その3⬇ すでに株価が割高になっている銘柄

成長余地があり、十分な買いの理由があったとしても、投資を避けるべき銘柄があります。それは、ひと言で言えば割高な銘柄。あるいは、買いの理由がすでに十分株価に織り込まれている銘柄です。

このような銘柄は、買いの理由を考慮しても、株価とのギャップがすでに埋まっており、ギャップが解消する過程での株価上昇が見込めません。

とはいえ、割高かどうかを判断するためには、かなりの熟練を要します。

そこで、**私がまずここを見るという、『会社四季報』（東洋経済新報社、以下『四季報』）を使った簡易的な方法を紹介します。これで大多数の銘柄をはじくことができます（詳しくは第4章を参照）。**

■ネットで見つけた会社をふるいにかけるポイント

〈除外するのは以下の銘柄〉

日経225採用銘柄は除外
時価総額が1000億円以上
買いの理由が弱い
すでに株価が上がっている

まず、『四季報』の発売時と現段階の株価を見比べます。

ここで発売時の株価から大きく上がっていて明らかに乖離がある場合は、すでに織り込まれていると判断してその銘柄に投資するのを見送ります。

続いて、『四季報』で、その銘柄の前年度実績と今年度・次年度の予想の1株当たり純利益を見ます。

一部の年に明らかに数値が乖離している場合は、その銘柄を投資対象から除外します。明らかな乖離に資産売却による特別利益など、なんらかの理由がある場合は、その理由分の数値を差し引いて見る場合もありますが、最初のうちは投資対象外としたほうが無難でしょう。

そして、1株当たり純利益の平均的な伸びから3年後の1株当たり純利益をざっと計算します。

例えば、1年に10％くらい増えているのでしたら、30％増しで考えます。それで計算した1株当たり純利益で概算のPERを計算します（計算式は93ページ）。

計算したPERが15倍を超えるようなら、基本的に投資対象から除外します。できれば10倍以内が望ましいです。慣れてくるとこの部分は一瞬で判断できるようになります。

本来なら業種によって基準となるＰＥＲを変化させるべきでしょうが、私は多数の銘柄を一瞬で判断するため、業種にかかわらず一律のＰＥＲで判断しています。

基準となる倍率はその時々の気分で変えています。

投資対象の候補銘柄が多数ある時はＰＥＲ10倍でも除外することもあれば、買いの理由が強かったり、銘柄が少ない場合はＰＥＲが15倍近くでもＯＫとすることもあります。

こうして、除外すべき銘柄１～３の条件をすべてクリアして残った銘柄であれば、とりあえず調べてもいいかなと判断して、詳しく調べに行きます。

4 投資すべき銘柄かどうかの判断のしかた

こうして絞った銘柄について、実際に投資すべきかどうかは、どうやって判断したらいいのでしょうか。

基本的な判断基準は、

・その銘柄の真の価値と株価に「ギャップがあるか」
・そのギャップが埋まるための「きっかけがありそうか」

の2つを考えます。両方に当てはまれば投資対象となります。
具体的には、以下のような事例が考えられます。

・その銘柄の買いの理由は本来もっと評価されてよい銘柄であるにもかかわらず、株価はそれに対応していない。
・業績的に上方修正が見込まれるにもかかわらず、株価が上方修正を織り込んでいない。
・赤字のため株価は低く抑えられているが、近いうちに黒字化が見込める。
・大口投資家等の空売り等により、株価が異常な安値に抑え込まれている。
・悪材料が出て株価が一時的に落ちているが、悪材料は一時的なものでいずれは解消するものである。

それでは、それぞれについて具体的に説明していきましょう。

5 上方修正期待銘柄の探し方

まず、上方修正期待銘柄の探し方について説明します。

この場合の基本方針は、上方修正による良化した業績と、現在のまだ好業績が織り込まれていない株価とのギャップをとりに行きます。そして、上方修正や決算がきっかけとなってギャップが埋まる過程で株価が上昇するわけです。

●投資候補の銘柄はこうして探す！

銘柄候補は、「株探」（https://kabutan.jp/）で探しています。サイトの中の、「銘柄探索」のタブをクリックすると、ズバリ「業績上方修正が有望銘柄」という記事が載っています。

ここでは例として、「【中間期】時点　通期上振れ　有望銘柄」を選んでみます（他の記事を選んでも決算の月数が違うだけなので、同様のことが可能です）。

すると、「進捗率」という項目の数値が高い銘柄が、すでにスクリーニングされています。ここに掲載された銘柄から対象を絞っていきます。

重視するのは、**進捗率**です。

進捗率とは、会社が自分で予想している年間利益の何パーセントを達成したかを示す数値です。この例で出した「【中間期】時点　通期上振れ 有望銘柄」は、6か月の決算（中間期）ですから、半分の50％を達成していれば普通といえます。

当然ですが、第1四半期（3か月）では25％の達成、第3四半期（9か月）では75％を達成していれば普通ということになります。

そして、ここから以下の条件をすべて満たしている会社を絞り込みます。

①進捗率が67％以上（6か月の中間決算の場合）
②5年平均進捗率と実際の進捗率が乖離している（差が10％以上である）
③ＰＥＲ（株価収益率）が20倍以下（銘柄数が多い時は、もう少し厳しくする）

以下、順番に説明していきます。

・進捗率が67％以上（6か月の中間決算の場合）

1つめの項目の進捗率67％以上についてですが、上方修正に期待する基準としては、次の決算で進捗率が100％を超えることです（つまり、業績予想を超えるということ）。

中間期決算は6か月分の決算ですから、次の決算（第3四半期）では9か月分の決算が出ます。

業績が順調であれば、第3四半期（9か月決算）では今回の6分の9倍（1・5倍）の利益になるはずです。したがって、第3四半期で早くも会社予想の利益を超えるくらいの銘柄は上方修正の可能性が高いと判断できます。そこから、中間決算で67％以上としています。67％×1・5＝100・5％となるからです。

先ほども述べたように、第1四半期や第3四半期の決算では、このパーセンテージは変わります。

・5年平均進捗率と実際の進捗率が乖離している（差が10％以上である）

2つめの項目は、季節銘柄を除外するために設けてあります。というのも、毎年特定の時期に利益の大半を稼ぐ会社の場合、その特定期間の進捗率だけを見ても参考にならないからです。

株探もそれを考慮して、5年平均進捗率という項目を作っています。5年平均の進捗率が今年の進捗率とおおむね同じ会社は、毎年この時期に限定して稼いでいる会社であると判断できますから、対象から除外します。

具体的には、現在の進捗率と5年平均進捗率が10％を超えて離れていない銘柄は対象から除外します。

・PER（株価収益率）が20倍以下（銘柄数が多い時は、もう少し厳しくする）

3つめの項目は、本当にギャップがあるかどうかの基準として設けてあります。上方修正した後に大きく割安になる銘柄こそ、市場の評価に歪みがあり、上方修正によって株価が是正される可能性が高いからです。

上方修正前に、PER20倍以上の銘柄は、相当大きな修正でない限り上方修正しても割安にはならないため除外します。

本来は、そういう銘柄の中にもギャップは隠れているのですが、ここから先は決算短信（100ページ参照）等を確認する必要がありますので、これらの基準は、ある程度、銘柄数を絞るための目安と思ってください。時期によってはＰＥＲ20倍以下の条件でも大量に検索件数が出ることもありますし、それほど出ないこともあります。

ですから、候補がたくさんある場合は15倍以下など、基準を厳しくしても構いませんし、数が少ない時は25倍以下というように緩くしても構いません。私はＰＥＲの低い順番に並べて、低いものから順に次の段階を調べていく方法をとっています。

ここまでは、株探だけで絞ることができます。ここから先は、会社のホームページや『四季報』などを見て絞っていきますので、条件をすべて満たす銘柄の一覧を作っておきましょう。

さて次は、こうして出てきた候補銘柄を順次調べていきます。リストにあげた1つひとつの銘柄について以下のチェックを繰り返します。

例として、11月18日現在の「【中間期】時点　通期上振れ　有望銘柄」の中でＰＥＲが低い銘柄としてあがっていた「８９３５　ＦＪネクスト」を使って説明いたします（次ページ図参照）。

■8935　FJネクストの「株探」数値　（2016年11月18日現在）

コード	銘柄名	市場	株価	対通期進捗率（%）	5年平均進捗率（%）	決算期間	PER	PBR	利回り
8935	FJネクスト	東1	699	71.8	34.3	16.4-16.9	6.2	0.72	2.24

株探リスト上の進捗率は71・8％で67％をクリア、5年平均進捗率は34・3％で今年は進捗が早いことがわかります。そして、PERは6・2となっています。

まず、現在の株価をチェックしましょう。これはどこでも簡単に調べられますね。11月18日現在の株価は699円です。

これを記録しておき、次に会社のホームページで最新の決算短信を見ましょう。上場会社のホームページには、投資家情報あるいはIR情報という欄がありますので、そこをクリックして最新の決算短信を探します。FJネクストの場合、11月2日に中間決算を発表していますので、それを見に行きます（次ページ参照）。

●最新の進捗率を確認する

ホームページを確認すると、実は、FJネクストは9月26日に業績の上方修正を発表済みであることがわかります。ですので、まずは抽出した株探の数値が古くないかどうかの確認が必要にな

■FJネクスト　平成29年３月期
第２四半期決算短信〔日本基準〕（連結）

（百万円未満切捨て）

１．平成29年３月期第２四半期の連結業績（平成28年４月１日～平成28年９月30日）

（１）連結経営成績（累計）　　（%表示は、対前年同四半期増減率）

	売上高		営業利益		経常利益		親会社株主に帰属する四半期純利益	
	百万円	%	百万円	%	百万円	%	百万円	%
29年３月期第２四半期	31,055	57.1	4,235	131.0	4,308	133.9	2,691	128.1
28年３月期第２四半期	19,771	10.7	1,833	16.5	1,841	17.8	1,180	25.5

（注）包括利益　29年３月期第２四半期　2,683百万円（130.3%）　28年３月期第２四半期　1,165百万円（22.6%）

	１株当たり四半期純利益	潜在株式調整後１株当たり四半期純利益
	円 銭	円 銭
29年３月期第２四半期	79.36	－
28年３月期第２四半期	34.74	－

（２）連結財政状態

	総資産	純資産	自己資本比率	１株当たり純資産
	百万円	百万円	%	円 銭
29年３月期第２四半期	54,923	33,596	61.2	999.48
28年３月期	51,387	31,405	61.1	924.34

（参考）自己資本　29年３月期第２四半期　33,596百万円　28年３月期　31,405百万円

２．配当の状況

	年間配当金				
	第１四半期末	第２四半期末	第３四半期末	期末	合計
	円 銭	円 銭	円 銭	円 銭	円 銭
28年３月期	－	7.00	－	9.00	16.00
29年３月期	－	8.00			
29年３月期（予想）			－	8.00	16.00

（注）直近に公表されている配当予想からの修正の有無：　無

平成28年３月期期末配当金の内訳　普通配当７円00銭　特別配当２円00銭

３．平成29年３月期の連結業績予想（平成28年４月１日～平成29年３月31日）

（%表示は、対前期増減率）

	売上高		営業利益		経常利益		親会社株主に帰属する当期純利益		１株当たり当期純利益
	百万円	%	百万円	%	百万円	%	百万円	%	円 銭
通期	57,000	9.7	6,000	△9.0	6,000	△9.3	3,900	△6.1	115.50

（注）直近に公表されている業績予想からの修正の有無：　無

平成28年８月、９月に実施した自己株式の取得に伴い、期中平均株式数を見直し、１株当たり当期純利益予想を変更しております。

ります。

最新の「決算短信」で進捗率を見てみましょう。

中間EPS（1株当たり四半期純利益）は、79・36円です。そして、会社予想のEPS（1株当たり当期純利益）は、115・5円になっています。ここで、79・36÷115・5＝68・7％となり、株探のリストの進捗率（71・8％）と異なっています。

株探のリストはリアルタイム更新ではありませんので、このように情報が古い場合も出てきます。その場合は、最新の情報で計算しなおして判断しなければなりません。

進捗率が低くなってしまった銘柄は、除外して次の候補銘柄を調べに行きますが、FJネクストの場合、進捗率は68・7％であり、残りの半期がこのままいったとすると、5割増しで100％を超えますので、まださらなる上方修正が期待できる数字です。そのため、このまま分析を進めていくことにします。

●株価が割安かどうかを見るため期待PERを計算する

次に、今後予想される上方修正によって、現在の株価は割安と言えるかどうかを計算します。

まずは、株探リストの5年平均進捗率を見ます。ここが50％を大きく超えている銘柄ですと、季節銘柄と呼ばれる、1年の中の特定の時期に大半の利益を出している銘柄ですから、それを踏まえて計算しなければなりません（半期決算なので、ここでは50％を基準としています）。

そうした季節銘柄の場合、半年のＥＰＳに１００÷5年平均進捗率を乗じて、1年の期待ＥＰＳを計算します。例えば半期での5年平均進捗率が80％だったとすると、あと半年で残りの20％の利益しか見込めないということです。その歪みをこの計算によって修正し、1年間ではどのくらいのＥＰＳが期待できるかを見るわけです。

ＦＪネクストのように5年平均進捗率が50％以下の銘柄の場合は、単純に半期のＥＰＳを2倍にして計算します（要するに、半年の利益の2倍を1年の期待利益として計算する）。

ＦＪネクストの場合、半年でＥＰＳ79・３６円ですから、2倍すると1年の期待ＥＰＳは１５８・７２円になります。

次に、現在の株価の６９９円から計算で出したＥＰＳを割って、期待ＰＥＲを計算します。ＦＪネクストの場合、６９９円（11月18日現在の株価）÷１５８・７２＝４・４倍となります。

●割安かどうかを検討する

では、この計算で出したＰＥＲ４・４倍という数値は割安と言えるのでしょうか？ それを判断するため、その銘柄の過去のＰＥＲと比較します。

まずは、『四季報』を見ましょう。11月18日現在最新の『四季報』は２０１６年４集ですので、それで確認します。『四季報』には、その銘柄の過去の業績が一覧表になって載っています。

ＦＪネクストの場合、前期のＥＰＳは１２２・２円、２年前のＥＰＳは85・６円です。そして、この２年間の数値が営業利益よりも過大に高い経常利益や、営業利益とほとんど同じの純利益でないことを確認します。

仮に、経常利益と純利益が同じくらいでしたら、法人税分だけＥＰＳを差し引いて計算しましょう。その年のＥＰＳを４割減で計算するわけです（97ページ参照）。営業利益よりも経常利益が極端に高い場合は、経常利益を営業利益と同じとして同様に計算しなおします。ＦＪネクストはＯＫのようですので、過去の数値をそのまま使います。

次に、『四季報』の上部に掲載されているチャートを見て、それぞれの年の大体の株価をチェックします。ＦＪネクストの場合は、２０１５年３月分と２０１６年３月分の株価を見ることになります。

まず２０１５年３月分の株価ですが、この年は２０１４年４月から２０１５年３月ですので、ざっと５００円くらいです。目分量で構いません。そして、同様に２０１６年３月決算分は、２０１５年４月から２０１６年３月までですから、ちょっと高くて５５０円くらいになります。

そして、その株価に対するＰＥＲを計算します。
２０１５年３月期のＰＥＲ＝５００÷85・６＝５・８４倍
２０１６年３月期のＰＥＲ＝５５０÷１２２・２＝４・５倍
と計算されます。

これと比較して、先ほど期待値として計算したＰＥＲ４・４倍は割安でしょうか？
確かに、多少は割安ですが、２０１６年３月期のＰＥＲとほぼ同じであるため、ギャップがあるほどの割安かというと、そこまでではないと判断できます。

一応、2年前はPER5・84倍でしたから、今年の期待EPS158・72円×高い時期のPER5・84＝926円までの株価上昇は期待していいかもしれませんが、他にもっと割安な銘柄があるのであれば、ここから高値を買って深追いするのは避けたほうが無難だと判断できます。

仮に9月26日の上方修正時点で気づいていれば、翌9月27日の株価は539円でPERは539÷158・72＝3・4倍。これなら過去のPERと比較しても割安で、ギャップを埋める期待があると判断できたのですが、遅すぎたようです。

実際に、FJネクストの株価はその後、ギャップを埋めるべく11月18日現在699円まで上がりました。

逆に言うと、上方修正の出た銘柄でまだ十分に評価されていない銘柄のギャップをとりに行くアプローチも有効です。上方修正の出た銘柄をチェックしていれば、9月27日時点でFJネクストの存在に気づけたわけですから。

FJネクストはすでにギャップがかなり埋まってしまっていると判断できましたが、同じ要領で、株探でリスト化した銘柄を判断していき、先ほどのようなギャップのある銘柄

■8935 FJネクストのチャート（日足）

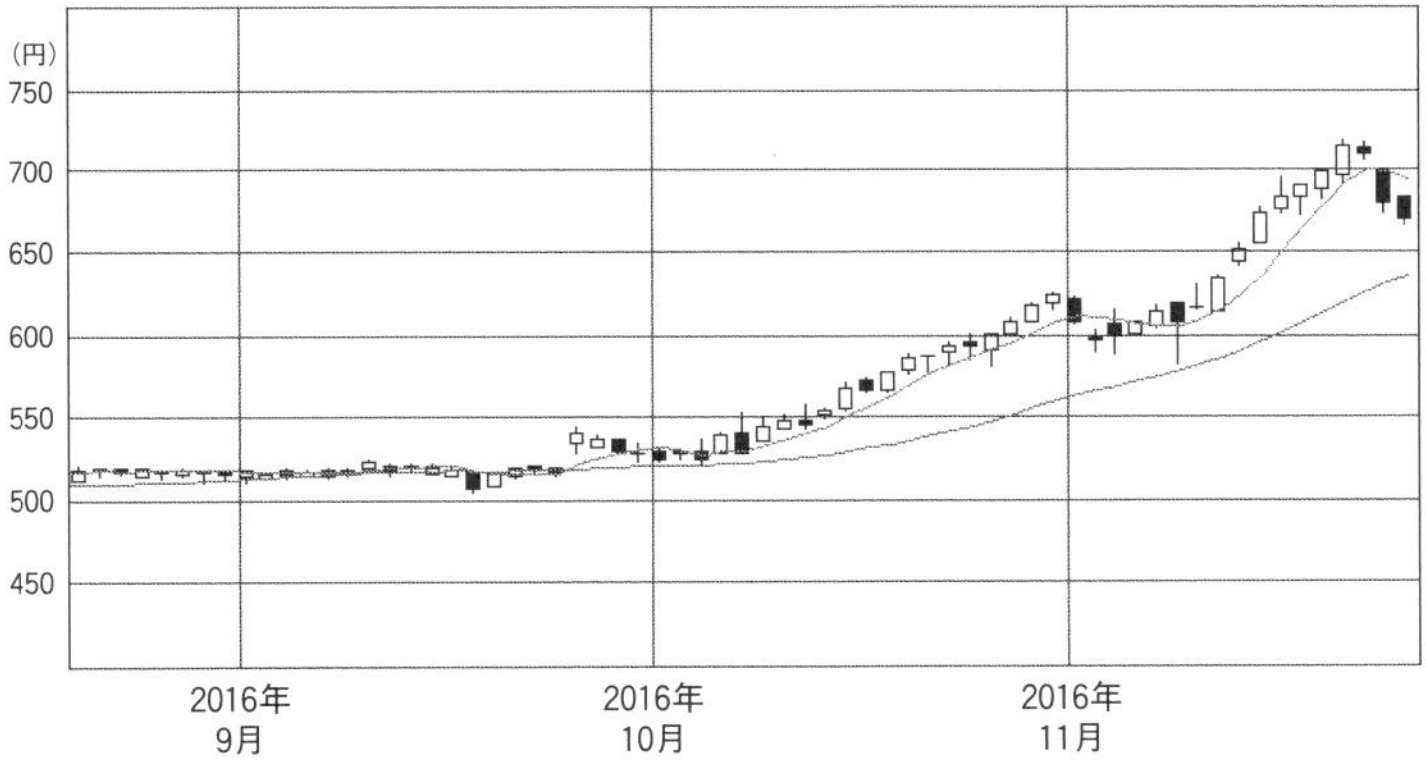

であれば、上方修正狙いで買うことができます。

もし、ギャップが埋まっていない銘柄を発見した時は、最後にその銘柄の決算短信の説明文だけは読むようにしましょう。

今期だけの特別利益などがある場合、決算短信に記載してあることがよくあるからです。一応、そのような銘柄を選ばないようにチェックはしていますが、網の目をくぐってくる銘柄がないとは言えません。

これは有望だという銘柄を見つけても、最後に投資をするにあたって不安要素がないかを決算短信で確認するようにしてください。

以上述べてきたようなポイントがチェックできるようになれば、上方修正狙い銘柄で儲けることができるようになると思います。

ただし、上方修正狙いができるのは資産が少ないうちです。株価にギャップがある銘柄は、往々にして出来高の少ない銘柄が多数入っています。そのような銘柄は多数の株を売買できませんので、どうしても資産の少ないうちしかこのようなトレードはできません。出来高が多い銘柄があれば買ってもいいのですが、実際に探してみると、多くの銘柄が出来高が少ない状況です。

とはいえ、まだ資産が少ない段階の方は、上方修正狙いのトレードは比較的低いリスクで利益を出すことができると思います。

6 赤字会社の中から業績回復が見込める会社を探す

次に、赤字会社であるため株価が低く抑えられているものの、黒字化が見込める銘柄について説明します。

この場合の基本方針は、黒字化後の好転した業績と、現在の赤字による低い評価の株価のギャップをとりに行きます。そして、決算等により実際に黒字化することがきっかけとなってギャップが埋まるわけです。実際、黒字化すると株価が急騰する場合が多いのです。

このパターンの場合、自分で業績の黒字化を予想しなければなりませんので難易度は高くなりますが、得られる利益もその分、多くなります。黒字化する会社を一律の方法で見つけることはできませんので、ここに関しては具体例で解説いたします。

・3656　KLabの例

特に、月次データを公表している会社（飲食系の銘柄に多い）や、ゲームの売上ランキングから会社の売上が予想できるゲーム会社などは、こうした方面からのアプローチが有効です。

私が、このパターンで大きく儲けた銘柄にゲーム会社の「3656　KLab」があります。

実際、平成26年（2014年）2～4月頃に仕込み、8月に天井をつけたのを確認してから利益確定しています。

2月に出た決算関係資料を見ると、当時のKLabは売上が安定しながら少しずつ増えつつあったものの、多くの人員を抱え、また固定費が大きかったため赤字が継続しており、また、財務状況も良くなかったため600～700円という安値に低迷していました。

しかし、会社側もそれはわかっており、様々なリストラ策を実行中でした。当時のソフトウェアのランキングから売上は落ちていない（むしろ少しずつ増えている）ことが確認できましたので、固定費の削減が予定通りいけば会社予想で半年後の第2四半期（2Q）は黒字になると予想しました。そういう意味では、わかりやすかったと言えます。

予想に反して第1四半期（1Q）でわずかとはいえ黒字達成。2Qも黒字幅を広げていくということで株価が上昇を始めました。

次に、株価をどこまで引っ張るかです。

できればリストラ完了後のPERを算出できるとよかったのですが、黒字化したばかりのKLabでは最終的な利益を読むことはできませんでした。

そこで、スマホゲーム業界の同業他社と比較してみると、黒字の会社は大体時価総額が年間売上の2倍前後の銘柄が多いことに気づきました。そこから考えると、KLabの1Q実績と2Q予想をあわせた売上は90億円なので、年間売上は180億円程度と見込めます。

その2倍で時価総額360億円とすると、目標株価は1200円程度と算出できました。私はこの株価を意識しながら株価の上昇を追いかけました。

実際、株価が上がる時・下がる時は適正株価をオーバーシュートするものです。1200円は軽く超えてくるだろうと読んでいました。そこで、天井をつけたことを確認したら利益確定するという方針で株価を追いました。

結果としては、8月8日に2454円をつけたところが天井ではないかと判断し、翌週に1900円程度ですべて利益確定しました。

このように、黒字化が予想できる赤字会社が安値でいる場合、黒字化する前に仕込むのはギャップをとる有効な手段の1つとなります。

なお、この銘柄のより詳細な投資実例は、204、211ページでも紹介しています。ご参照ください。

7 株価ギャップを探す様々なパターン

ここまで、株価のギャップを探すための2つの方法を説明しましたが、パターンは無数にあります。そこで、私が実際に大きな利益を出した、これ以外のパターンをいくつか紹介します。

●「買収されそうな会社」を狙う

1つめは、買収されそうな会社を先回りして買うというものです。

かつて、「イー・アクセス」という日本で4番手の携帯電話会社がありました。当時の利益率の悪化により株価が急落し、異常な安値まで売り込まれていました。

とはいえ、会社側も手をこまねいていたわけでなく、色々と手を打とうとしていました。それにより、2年ほどで利益率が回復すれば売上規模から見て株価3倍近くにはなると読んでいました。

それとは別に、買収期待もありました。携帯事業は、電波の権利が既得権になる規制の強い業種です。イー・アクセスの持つ電波帯は携帯電話大手3社（ドコモ、au、ソフトバンク）にとっても魅力的なものでした。

であれば、3社のうちどこかが買収しにくるかな、と読んだわけです。

もし、買収がなくても業績的に問題ないわけで、投資先としては問題なしと判断してイー・アクセスの株を買い始めました。すると、わずか2週間後にソフトバンクによる買収の発表がありました。

私は関係者に一切コネがありませんし、実際に買収準備が進んでいるという情報もまったく知りませんでした。

買収発表があまりに早すぎて十分に仕込むことができず、あまり儲けることはできませんでしたが、株式投資は他のプレイヤーの心理を読むものですから、経営者の心理を先読みして利益を出すという方法も有効です（投資例は202ページ参照）。

●「成長性の高い会社」を狙う

2つめは、成長性が高かったり、M&Aで大きくなりそうな会社に投資するというものです。

「8508 Jトラスト」という会社は以前、現社長が前身となるイッコーの株式を買い取って新たにスタートした会社です。

当時はリーマン・ショック後の景気が悪い時代。このような時代は平常時と比較して倒産案件が多いため、債権買取事業が大きな利益の根源となっていました。それと同時に、M&Aにも積極的で、KCカードを楽天から買い取ったり、武富士の買収・再生も行いました。

リーマン・ショック直後は、消費者金融業というのは過払い金でどれだけ損失が出るかわからないイメージがありました。Jトラストは過払い金が関係する比率は高くなかったもののゼロではありませんでしたので、株価も不当な安値に抑えられていました。しかし、上記の買収等で実際に利益を出すと株価は暴騰。

このくらいで十分だろうとあらかた利益確定した後に、さらに2段ほど株価が急騰しましたので売り時は間違えましたが、会社の経営方針としてM&A等により高成長を目標としている銘柄は、目標を達成すると株価が何倍にも化けてくれますので、本書の目的に沿ったハイリターンを狙う投資先としては有効です（投資例は199ページ参照）。

Jトラストでもそうでしたが、高成長企業であっても、ある程度企業規模が大きくなると安定運営になる会社が多いので、その時期になったら利益確定することになります。

●「株価が意図的に抑えられている会社」を狙う

3つめは、株価が不当に安く抑えられている株を狙うというものです。

現在は、ネット証券が多くの取引口座を擁しており、個人投資家がインターネットで簡単に株式を売買できる時代です。さらに、昔に比べて信用取引などのハイリスクな投資も多少の投資経験があれば可能です。

そのため、本来はタイミングを厳選して行わなければならない信用二階建て（現物株を担保に同一銘柄をさらに信用取引で買うこと）を平常時から行っている個人投資家も少なくありません。

そして、株式投資の世界は富を奪い合う戦争です。そこを狙いに来る大口投資家も当然跋扈《ばっこ》しています。具体的にどうするかというと、そのような信用二階建て買いがたまっている銘柄の株価を空売りで意図的に下げてきます。

すると、信用取引の保証金維持率が足りなくなって損切りせざるを得ない個人投資家が多数出てきます。その損切り注文で空売りを買い戻して利益を出そうとするわけです。さらにその後、大口投資家は損切りした個人投資家がその銘柄を買った根拠としたであろう材料が表に出てきた時に株価を大きく上げて、往復で儲ける場合も少なくありません。

株価操縦的行為は犯罪なのでやってはいけないのですが、すべての事案が取り締まられているわけではありません。戦争なのですから、そういうことも起こり得ると知っておかないといけません。

しかし、逆に言えば、大口投資家は有望な銘柄の株価を一時的に、あり得ない安値まで売りたたくことがあるということです。これも1つのギャップです。

ですので、そのような安値の株を買い、一時的にはさらに下がるでしょうが、株価が上がる材料が出るまで持ち続けることができれば、株価急騰の恩恵を受けることができます。大口投資家が意図的に起こしたギャップをとりに行けるわけです。

●「新技術を持つ会社」を狙う

４つめは、新技術や特許などで注目されている銘柄を探すというものです。

投資の世界では、上場銘柄が今後の消費のあり方を変えるような新技術を開発したり、特許をとったりすることが多々あります。

その中で自分が有望だと判断する銘柄に投資するわけです。

ただし、選定する場合は注意しなければならないことが様々あります。私が投資した「６１４３　ソディック」を例にとって説明していきましょう。

注意点の１つめは、**「自分で内容を理解できない技術の場合は投資しない」**というものです。その新技術がすごそうだからという理由だけで、よくわからないまま投資していては、本当に有望な技術かどうかの判断ができないためです。

私が投資したソディックの場合、投資を始めたきっかけは、子会社の「ＯＰＭラボラトリー」が金属用の３Ｄプリンターを開発したことからです。

技術の内容は、木くずやプラスチック等を使った３Ｄプリンターは世に様々出回っている中で、金属でも造成可能な3Dプリンターを開発したというものです。これだけではすごいとは感じられないかもしれませんが、何をしているかを理解するのはそれほど難しくないと思います。

2つめの注意点は、**「その新技術の将来的な市場規模が大きいかどうか」**です。どんなに画期的な技術であっても、その技術を使う機会がほとんどないニッチな産業であれば、将来的に桁違いに売上が上がることはあり得ないからです。

ですので、その技術がどのような日常的な製品に使われるかイメージできない場合は、投資を控えたほうが無難です。

ソディックの場合は、金属3Dプリンターであれば、いままで作成が困難だった、中に空洞がある部品が簡単に作れます。これまでは複数の部品を別々に作り、それを接合するという工程を踏まなければなりませんでした。それを3Dプリンターだけでこなせるとなれば、将来的にそのような複雑な部品は3Dプリンターで作られるようになる可能性がある。その市場規模は大きいと思ったわけです。

3つめの注意点は、同じような技術を持った**「ライバル社に対して優位性があるか」**というものです。せっかくの新技術も、後発の会社が同様の製品を出して、ガンガン価格競争を仕掛けてくれれば大きな利益は出ません。そのようなことがないかを検討するわけです。

ソディックの場合も、世界にはライバルが数社いましたが、研磨等の工程に関して優位性がありました。ただし、他社に対して完全上位ではありませんでしたので、将来的にこれが原因でダメになる可能性も考慮しつつの投資になりました。

最後の注意点は、**「投資をした後の株価の動き」**についてです。このような会社の株価はだいたい2段階に分けて上げる場合が多いのです。

第1段階は、その新技術による株価上昇を狙いに来た短期投資家が一斉に買いに来ることによる株価上昇です。

世の中には、短期的に株価が上がれば何でもありと言わんばかりに、材料らしきものが出た銘柄に殺到する短期投資家が多数います。

彼らは、株価が上がりそうであれば、高値でもガンガン買い増しを行い、天井をつけたと見るや儲かっていてもいなくても我先にと売って去っていきます。

材料による値上がりを目指す場合、このような投資家に目をつけられるケースは日常茶

■株価ギャップを探す主なパターン

〈以下のような会社が狙い目〉

①買収されそうな会社

②成長性の高い会社

③株価が意図的に抑えられている会社

④新技術のある会社

注意点

1　自分で内容が理解できるかどうか
2　将来的な市場規模が大きいかどうか
3　ライバル社に対して優位性があるかどうか
4　株価の動きに注意する

■6143 ソディックのチャート（日足）

飯事ですので、材料が魅力的に見えれば見えるほど、実際の銘柄の価値とは関係なく、株価が一時的に暴騰します。

そして、短期間のうちに天井をつけ、あとは右肩下がりに株価は落ちていきます。ソディックの場合は、平成26年（２０１４年）の7～8月がその時期に当たります。

あとは、高値を買う人がいなくなりますので、逃げ遅れた人が徐々に損切りをしていく過程で株価が落ちていき、どこかで落ちつきます。これで第１段階の上昇は終了です。

第２段階の上昇ですが、これは話題となった新技術が実用化されて利益の見込みが立ってきた時に起こります。新技術について詳しく調べた投資家（同業者技術者〈取引先従業員とか〉の投資家に多いです）が、先回りして仕込み始めます。

続いて、銘柄について調査してから投資する大口投資家が買い始めて、株価が上昇していきます。

最後に、決算で、新技術によりその銘柄の利益が大幅に上がることがわかると株価が急騰するわけです。

ソディックの場合は、まだまだ先の話ですし、成功する保証もありませんので、第2段階はまだ訪れていません。もちろん、新技術が利益に結びつかなければ、第2段階は起こらず、第1段階だけで終了します。ほとんどの銘柄は第1段階で終わります。

大きく値上がりするパターンこそ様々ありますが、なんらかの理由により、本来あるべき株価とのギャップがある銘柄を探し、他の投資家の心理を読みながらギャップが埋まる過程で利益を出していくという本質は変わりません。本章で提示したパターンを参考に、自分なりの投資方法を見つけていただければと思います。

第3章のポイント

〈実践、銘柄選定のやり方〉

- **銘柄は「ヤフー！ファイナンス」なども使って探す**
  - 検索数上位銘柄
  - 出来高増加率上位銘柄
  - 実績のある投稿者をフォロー　など
- **「株探」で業績上方修正が有望な銘柄を探す**
- **ふるいにかけるポイント**
  - 日経225採用銘柄かどうか
  - 時価総額が1000億円近くかそれ以上か
  - すでに株価が上がっているか
- **本業で儲けていない会社は除外する**

〈投資するかどうか最後のチェックポイント〉

- **ＰＥＲ（株価収益率）で他社と比較分析する**
- **株価ギャップが生まれそうかどうか**
  - 赤字から回復しそうか
  - 上方修正の可能性は
  - 買収される可能性は
  - 成長性が非常に高いか
  - 株価が意図的に抑えられているか
  - 新技術があるか

第4章

会社の業績を一瞬で判断するための最重要ポイント

1 『四季報』で業績の良い銘柄を一目で見分ける法

この章では、第3章で探した銘柄を業績でふるいにかけるための重要ポイントを、より詳しく紹介します。

企業業績は、ファンダメンタルズ投資ではとても重要で、勉強すればどこまでも進めるほど奥が深いのですが、本書では、東洋経済新報社が発行している『会社四季報』（以下、『四季報』）や日本経済新聞出版社発行の『日経会社情報』を見るだけの比較的簡単な方法で、概要を確認する方法を説明したいと思います。

基本的に、**投資をするのは、業績が良く割安な銘柄を選び、その中でチャートや需給を見てタイミングの良い時に購入する**ことです。ですから、業績が良くない銘柄は基本的には投資対象から除外したほうが無難です。

なお、『会社四季報』『日経会社情報』ともに、ほぼ同様の情報を得ることができますが、本書では、『四季報』をもとに解説していきます。

それでは、『四季報』から簡単に業績の良い会社を見極める方法を見ていきましょう。

チェックすべき点　その1　売上と営業利益

まず、**「売上と営業利益が増え続けている」か否か。**

業績の良い会社というものは、この低成長時代においても少しずつでも業績を良くしていっています。

とはいっても、本業と関係ないところで利益を増やしているのではいけません。本業の業績を伸ばしている会社が投資対象とすべき会社といえます。この本業の業績は「売上」と「営業利益」で判断できます。

となると、**売上と営業利益が年を追うごとに増加傾向のある会社が、投資対象として望ましい会社**となります。途中の年で売上等が減少していても構いません。全体傾向として増え続けていることが重要です。

ちなみに、ここで求めている内容は、近年よく言われているROEが高い会社ということになります。

ROEとは「Return On Equity」の略で、**「自己資本利益率」**あるいは**「株主資本利益**

率」と言われます。計算式は「当期純利益÷自己資本」となります。要するに、会社の資本を投入して、どのくらいのリターン（利益）を上げたか、を示す指標です。

会社の業績を表していますが、直接ＲＯＥの数値だけで見ると細工（自社株買いなど）をして高く見せている会社がありますので、そうではなく、ちゃんと業績を拡大してＲＯＥを高めている会社を見つけるために「売上」と「営業利益」を見ることは重要です。

✓チェックすべき点　その2　従業員数の増加

次に確認したいのは、**「従業員数が増え続けている」か否か**。

好調な会社は事業を拡大し続けていますので「従業員数」も増えていきます。これは1冊の『四季報』では確認できませんが、半年前・1年前と比較すれば確認できます。

横ばいの場合もよくありますので、あまり神経質になる必要はありませんが、特にコメントに理由等の記載がないにもかかわらず、従業員数が大きく減っている会社は投資を控えたほうが無難です。

✓チェックすべき点　その３　財務の健全度

３つ目は、**「財務が健全」か否か。**

売上や営業利益が増え続けていても、ひとつ風向きが変わっただけで傾くような会社は基本的に投資を避けるべきです。

具体的に見る点は、以下の通りです。

・自己資本比率が15％以上（かなり緩めです）ならOK

・1株当たり純利益が連続でマイナスになっていないならOK

・営業CF（キャッシュフロー）がマイナスかつ有利子負債が多い場合はNG（これは景気後退期の場合。景気の良い時はOKのケースも）

・自己資本比率が15％以上（かなり緩めです）

基本的に、ほとんどの会社は大丈夫だと言えます（銀行など一部の業種除く）。

自己資本とは、株主等から集めた、返済する必要のない資本（資金）です。銀行からの借入金等を合わせた総資本のうち、自己資本がどのくらいを占めているかを示すのが、**自己資本比率**です。

自己資本比率は、一般的には40％を超える（総資本のうち自己資本の割合が40％を超える）と倒産しにくいと言われるくらいですから、ある程度高いに越したことはないのですが、何倍にも化けるようなハイリスク・ハイリターン銘柄を探すと、どうしても20％前後の銘柄が少なくないため、15％以上としました。

さすがに10％を切って1ケタになると、倒産懸念が無視できなくなってきますので避けますが、私は安定して最低限の10％台後半であればＯＫにしています。

・1株当たり純利益が連続でマイナスになっていない

赤字の会社ではない、ということです。

・営業ＣＦがマイナスになっていない

また、景気後退期に限定した話ですが、営業ＣＦがマイナスということは、商品の売上よりも使うお金のほうが多くなっている状態です。要するに、仕入れや設備投資などをするために、借金をしなければならない状態です。

■『会社四季報』（東洋経済新報社）で業績の良い銘柄をチェックする法

その1

売上と営業利益が増え続けているか

➡全体傾向として増えているかどうかが大事
ROE（自己資本利益率）でチェック

その2

従業員数が増え続けているか

➡業績が伸びている会社は従業員も増える
複数の『会社四季報』でチェック

その3

財務が健全かどうか

➡・自己資本比率が15%以上
・１株当たり純利益がマイナスになっていない
・営業CFがマイナスになっていない
（景気後退期のみ）

景気が良い時期は、仕入れや設備投資を行うために新たな借り入れをするため、マイナスになる会社も少なくないのですが（特に販売までのスパンが長い不動産会社に多い）、いざ景気が悪くなると銀行はお金を簡単には貸さなくなります。

そんな中で、当面の運転資金すら新たな借り入れに頼っている状態というのは、銀行がこれ以上貸せませんと言った瞬間に倒産もありうるわけで、非常に危険な状態といえます。リーマン・ショックで倒産した会社は、営業ＣＦがマイナスであった会社ばかりです。

ですので、景気拡大期はいいですが、いざ景気の雲行きが怪しくなってきた時には、手元の運転資金すら借り入れているような不安定な銘柄は投資対象から外したほうがいいでしょう。

とりあえず、投資対象として選ぶべきかどうかの判断は、これくらい見れば最初の判断がつきます。過去の『四季報』がなければ、従業員数の変化はとりあえず無視して、投資を決めた会社だけ最後にチェックしなおしても構いません。

ただ、ここで投資対象となっても株価が高すぎる銘柄は当然、投資すべきではありませんので、次に割高な銘柄を避ける方法を説明します。

2 「割高な銘柄」を避ける3つの方法

前項で、業績の良い会社を見つける方法を紹介しました。しかし、業績のいい銘柄だからといって、どんな株価でも買っていては儲けることはできません。見つけた銘柄が割安かどうかを判断する必要があります。

株価が割高か否かを判断する方法には、様々な指標があります。しかし、その中で**最も実用性の高いものは、やはりPERと言えます**。リーマン・ショック時など特殊な時期には使えないこともありますが、『四季報』記載の数値の中で、おおむねどの時期でも割安度の参考となる指標です。

PERとは、「Price Earnings Ratio」の略で**「株価収益率」**と呼ばれます。計算する式は、「時価総額÷純利益」あるいは、「株価÷1株当たり純利益（EPS）」で計算します。簡単に言うと、その会社の株価と獲得した利益の関係がわかる指標です。**PERが低いほど、稼いだ利益に対して株価が低い（割安）ということになります。**

では、『四季報』等に掲載されている低PERランキング銘柄に投資すればよいのでしょうか？　当然、割安度の大きい銘柄が並んでいるはずです。

いいえ、そんなことはありません。

前項の投資対象企業かどうかの確認もそうですが、単純に『四季報』の低PERのリストを見ると、特殊要因等でPERが低くなっている銘柄が多数存在します。

そのような特殊要因で一見低PERに見えるものの、実際はそうではない銘柄は避けなければなりません。そのような、偽りの低PER株も『四季報』の銘柄ページを見るだけで、ある程度は除外することができます。

『四季報』を見て、以下の項目に該当する銘柄は、もし、低PERの銘柄であっても基本的に投資対象とするのは避けましょう。

避けるべし⬇　1株当たり純利益が1年だけ高くて前後の年は低い銘柄

「1株当たり純利益」（EPS）が特定の1年だけ高く、その結果としてその年のPERが低くなっている（前ページ&左図計算式参照）ような会社は、本来の意味での割安銘柄

■業績を見る指標一覧

◎ROE（Return On Equity）
　＝自己資本利益率、株主資本利益率
　　当期純利益÷自己資本
　➡資本に対してどのくらいの利益を上げたかがわかる
　　高いほど稼いでいる

◎PER（Price Earnings Ratio）
　＝株価収益率　　時価総額÷純利益
　➡株価と利益の関係がわかる　　低いほど割安

◎EPS（Earnings Per Share）
　＝1株当たり純利益　　純利益÷発効済み株式数
　➡1株についてどのくらい利益を稼いだかを見る

ではありません。

EPSは「Earnings Per Share」の略です。1株についてどのくらい利益を稼いだかを見る指標ですので、計算式は「純利益÷発行済み株式数」となります。

特定の1年だけEPSが高くなる、よくあるパターンとしては、企業買収等によって負の暖簾《のれん》がついた、資産を売却したことなどで特別利益を得たケースなどがありますが、本業で得た利益ではありませんので、会社の実力でPERが低くなっているとは言えません。

まれに、不動産会社等で大型物件の販売により収益を得ている場合があります。この場合は営業利益も上がっていますので本業での利益と言えるのですが、毎年続かないような利益の場合は、その会社の本来の実力とは言えません。いずれにしても、特定の年だけ1株当たり純利益が高い会社は、割安とは言えません。

翌年の特別利益がなくなった予想1株当たり純利益で計算したPERが、本来の実力と判断したほうがいいでしょう。

避けるべし⬇ 営業利益に比べて経常利益が極端に高い銘柄

営業利益は、その会社が本業で稼いだ利益と言えます。そこに、受取配当や支払利息などの財務活動による損益が加味されて経常利益になります。

支払利息が多すぎて経常利益がなくなってしまうような銘柄も心配ですが、**ここで問題にしたいのは、逆に営業利益よりも経常利益のほうがはるかに多い銘柄です。おおむね経常利益が営業利益の2倍近くか、それ以上ある銘柄**を指します。

そのような銘柄は、本業とは関係ない受取利息・配当・投資による利益など、いわゆる財テクで稼いでいる会社です。

証券や金融などの株式等の自己売買が大きな収入源となる業種なら別ですが（そういう

銘柄なら本業ですから営業利益に入るはずです）、金融に全然関係のない業種で本業ではなく財テクで儲けましたという銘柄は、財テクで儲かっているから割安になっているわけで、投資すべき割安銘柄とはちょっと違います。

ですので、営業利益に比べて経常利益が極端に高い銘柄は、営業利益の6割程度を純利益として計算しなおして、その純利益で割安かどうかを判断すべきだと考えられます。

避けるべし⬇　経常利益と純利益がほぼ同じ銘柄

純利益は、経常利益から法人税等を支払った残りの額になります。にもかかわらず、**経常利益と純利益がほぼ同じ額であるということは、その会社はほとんど法人税を払っていない**ことになります。

過去に赤字を出している会社の場合、7年間は利益と相殺することができますので、過去に赤字を出していた会社に多いパターンです。

しかし、このような会社の場合、本来払うべき法人税を払わずに出した利益ですから、当然、同じ条件の普通の会社より利益が多く残ります。そして、業績が横ばいの場合、累積赤字がなくなると、その後は普通に法人税を払うようになります。すると、業績が横ばいであっても純利益が一気に下がってＰＥＲが跳ね上がります。

ですので、このような会社については、純利益を経常利益の6割に計算しなおして判断すべきでしょう。


以上のような偽りの割安株は、『四季報』を見るだけで判断がつきますので、実態に即したＰＥＲを計算しなおして割安かどうかをきっちり判断するようにしましょう。こうしてみると、『四季報』に載っている低ＰＥＲ銘柄には、そのまま低ＰＥＲである銘柄はほとんどないことがわかると思います。

なお今後、法人税率の低下により、本書の説明上は利益を6割にして計算していたものが7割などになるかもしれませんが、基本的な考え方は変わりません。

■「業績が良くても割高」を避けるポイント

避けるべき銘柄1

1株当たり純利益（EPS）が1年だけ高い

➡本業で得た利益ではない可能性

避けるべき銘柄2

営業利益に比べて経常利益が高い

➡財テクで稼いでいる

避けるべき銘柄3

経常利益と純利益がほぼ同じ

➡法人税を払っておらず、過去に赤字を出している

3 決算短信の内容も確認しよう

これまで、『四季報』だけで投資対象を判断する方法を説明してきましたが、実際は『四季報』だけですべての判断ができるわけではありません。

『四季報』で銘柄をある程度絞った後は、絞った銘柄のホームページなどから、その銘柄の決算短信等の決算資料も確認しましょう。

決算短信（会社が表示する決算資料。正式決算より早く出される）や投資家用資料を詳しく分析することは、市場評価とのギャップを知る重要な手段になります。そして、上方修正を出す時期など、そのギャップがどのような時に公になるかを前もって知ることができる場合もありますので、投資の参考にしましょう。

第4章のポイント

〈業績が良い会社をさらにふるいにかける〉

●『会社四季報』『日経会社情報』で業績の良い会社を探す

チェックポイント1…売上と営業利益の増加

チェックポイント2…従業員数が増えているか

チェックポイント3…財務が健全か

- 自己資本比率15％以上
- １株当たり純利益が連続マイナスになっていない
- 営業ＣＦがマイナスになっていない（景気後退期）

●割高な銘柄を除外する

１株当たり純利益が１年だけ高い

営業利益より経常利益が極端に高い

経常利益と純利益がほぼ同じ

●決算短信で改めて確認する

第5章

他の投資家の心理を読めば勝てる！

株価というものは、基本的に買いたい人が増えたり売りたい人が減れば上がり、売りたい人が増えたり買いたい人が減れば下がります。需給が株価を動かすということです。では、どういう時に買いたい人が増えて、どういう時に売りたい人が増えるのでしょうか？

こういう質問をすると、その銘柄にいい材料が出れば買いたい人が増えて、悪い材料が出れば売りたい人が増える、と答えると思います。

確かにその通りなのですが、そうした材料が出ていない時はどうなのでしょうか。ＩＲ（投資家向け広報）等の材料が何も出ていなくても、すべての銘柄の株価は常に上下しています。

材料が出ていない時の株価の動きを知るためには、他の投資家の心理を読まなければなりません。具体的には、世の中にはどのような投資家がいて、どのような判断で投資を行っているのかを知っておく必要があります。

別に世の中のすべての人の心理を読む必要はありません。世の中の投資家をいくつかのカテゴリに分類して、それぞれのカテゴリの人達がどう考えているかが、だいたい読めればいいのです。

第2章で、株式投資というものは、富を奪い合う戦争をしているものだと書きました。その戦争で勝ち残るためには、敵である対戦相手のことを知らなければなりません。そこで、この章では事例を踏まえ、**他のプレイヤーの思考を読む方法**を紹介します。

1 「デイトレーダー」の投資法から需給を読む

では、需給の読み方について事例を示していきたいと思います。

最初に、デイトレーダーの立場から、デイトレーダーの投資手法を考えてみましょう。

一般的なデイトレーダーのような超短期投資家は、銘柄・業績は二の次で（人によってはまったく考慮せず）、値動きが良くていつでも売買できる（出来高の多い）銘柄をトレード対象とします。

そして、投資対象となった銘柄群の動きを確認し、これは上がりそうだと判断した株を買い、下がりそうだと判断した銘柄を空売りするわけです。

●1日の間に大きく動く銘柄を狙う

では、どうやってその銘柄が上がりそうか下がりそうかを判断するのでしょうか。

デイトレーダーが好む銘柄は、1日の間に株価が上下に大きく動く銘柄です。どのような銘柄であっても、旬の時期があります。旬の時期の銘柄とは、過去の平均に比べて出来高と1日の値動きが大きい銘柄です。

そのような銘柄は、いつでも売買ができて値幅をとって利益を出すことができます。ですので、多くのデイトレーダーはそうした銘柄の動きをいくつも（人によっては何十、何百も）監視しています。

もちろん、そのような銘柄であっても1日中株価が激しく上下し続けているわけではありません。当然ですが、株価が一定の範囲から動かない時間帯もあります。

例えば、左図は、ある銘柄の5分ごとのチャートですが、途中までは下のほうの一定の範囲で株価が動いていて、途中で株価が急騰しているのがわかります。デイトレーダーは、こういう銘柄でのトレードを繰り返して利益を積み重ねていきます。

■株価が極端に動く理由は？

　では、なぜ、株価はこのような動きをするのでしょうか？　そして、デイトレーダーはどのような判断でトレードを行い、利益を出しているのでしょうか？

●出来高の多い銘柄を狙う

　それはデイトレーダーの立場になってその思考を読むと見えてきます。

　まずは、トレード候補銘柄の選定をしましょう。デイトレーダーは、1日の間に細かい値幅をとって少しずつ利益を積み重ねていくトレード手法をとります。ですので、ここ数日ほとんど株価が動いていない銘柄は、値幅をとりようがないのでトレードする意味がなく、対象銘柄から外れます。

また、デイトレーダーは、細かい利益を積み重ねますので、判断を間違えた時に、すぐに損切りして売れない銘柄は損失が膨らむ可能性があるので絶対に避けたいところです。そのため、注文の板（129ページ参照）が厚い銘柄（いまの株価のすぐ近くに多くの売り買いの注文がある銘柄）でなければなりません。

例えば、200円前後の株で売り注文が201円で1万株あり、買い注文が200円に1万株ある銘柄なら、いつでも売り買いできるのでよいのですが、売り注文が210円で100株だけ、その上は215円しかない、買い注文は190円しかないような銘柄は、どうしても売らなければならない時に株価を10～20円ほど下げないと売れないので、このような注文の板の薄い銘柄はトレード対象にできないわけです。

また、いつでも売買できるような銘柄は、基本的に出来高も多いので、まずは出来高で銘柄の候補を探す方も多いようです。

そして、多くのデイトレーダーは、数ある銘柄の中から、このような条件に合う銘柄をいくつも探して監視をし、チャンスが来るのを待っています。

●大勢のプレイヤーの心理に合わせて売買する

次に、デイトレーダーがどのような判断でトレードを行うのか考えてみましょう。

デイトレーダーは、少しでも株価が上がりそうな銘柄を買い、または下がりそうな銘柄を空売りしたいわけです。では、どのように上がり（下がり）そうな銘柄かどうかを判断するのでしょうか？

107ページのチャートでは、ある時間帯に株価が一気に急騰しています。デイトレーダーの立場からすれば、ウォッチしている銘柄でこのような動きがあったとすれば、その株価の上昇の値幅をとりたいわけです。

基本的に、1日の中で会社の価値が上がったり下がったりすることは、途中で決算情報やIR情報などが出ない限りありえません。では、1日の中で業績が特に変わったわけでもないのに、なぜ株価はこのような動きをするのでしょうか？

一応、日経平均や為替などの外部要因に連動して株価が動く場合もあります。しかし、それでよいのなら日経先物などを買えばいいので、今回は除外して考えます。

まずは、株価の基本的な動きについて考えてみます。

どんな銘柄でも安値なら買いたい・高値なら売りたい人は必ずいます。ですので、落ちついている時は株価の範囲は一定の範囲に収まります。

例えば、A社の株価がずっと200円前後で動いてきたとします。そういう銘柄（A銘柄）の場合、210円になれば売りたい人が出てきますし、190円になれば買いたい人が出てきます。

というのも、このように一定の範囲で株価が動いている銘柄（ボックス銘柄と呼ばれる）の場合、ボックスの範囲の下のほうにきたら買い、上のほうに来たら売って差額を儲けようとするトレーダーがいるからです。

そして、このA銘柄を取引している人の中で、A銘柄の株価の動きは190~210円くらいという暗黙の了解が生まれます。そうすると、売りが増えて範囲の下限（190円）に近づくと、ここが下限と思っている人の買いが増えて株価が上がり、そのまま上限（210円）に近づくと、このあたりが上限だと思っている人の売りが出てきますので、ますます株価が190円から210円くらいの範囲で硬直することになります。

その結果、190円から210円の範囲で買いと売りの需給が均衡するわけです。そし

■売りと買いの均衡が崩れると急騰・急落する

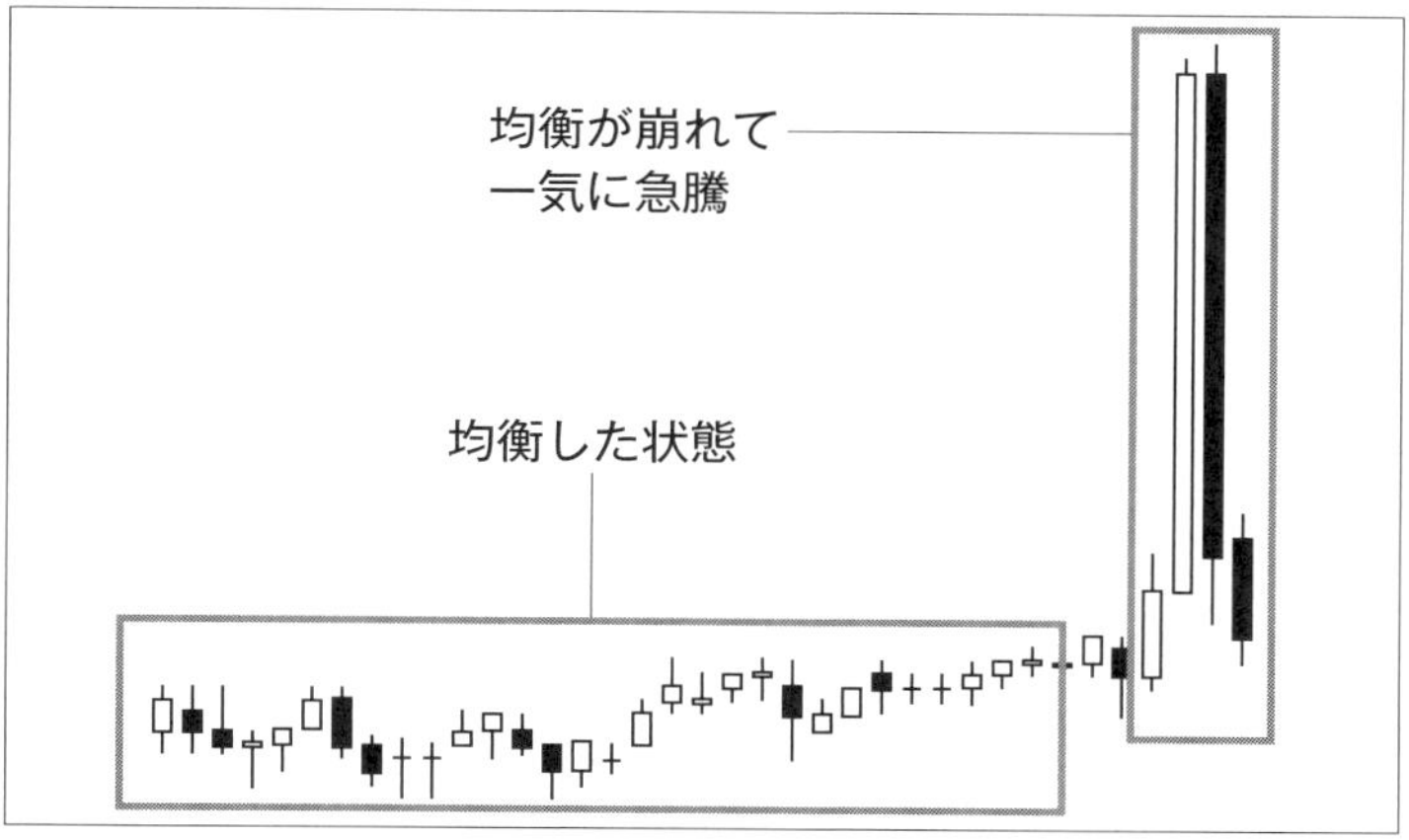

て、この均衡が保たれている間は、株価は一定の範囲に収まっているわけです。

逆に、210円でも買いたい人というのは、何か材料でも出ない限りまずいませんし、190円で売りたい人という人もまずいません。

売りと買いの需給が均衡している状態は、先のチャートでいうと左側の「均衡した状態」の部分にあたります（上図）。

しかし、株価が永久にその範囲から動かないということはありません。いつか必ずその均衡は破られます。上か下に株価が抜けるわけです。基本的には、その銘柄に何か材料が出た時になるわけですが、材料が出なくてもその範囲を超えることがあります。

そして、株価が一定の範囲を超えたということは、その銘柄の売買の需給が崩れたことを意味します。本来であれば210円で売りが出なければいけない場面で、売りよりも多くの買いが出てきたわけですから。そして、このような時、デイトレーダーはどのように動くのでしょうか？

まずは、こうなった時のデイトレーダーの立場で考えてみます。

デイトレーダーは、いままでは売りと買いの勢いが均衡していたけれども、買いの力が強くなって需給バランスが崩れ、買いが強くなったと考えるわけです。

そして、多くのデイトレーダーは、よし、この買いの強さの勢いに乗って儲けようと考えます。需給バランスの崩れた銘柄を見て、買いが強いと見るや追随して買い注文を入れます。

その結果、株価がさらに上がり、それを見つけた他のデイトレーダーも一斉に買い出し、株価を一気にはね上げます。先のチャートの右側「均衡が崩れて一気に急騰」の部分で、範囲を超えた銘柄は一気に株価を押し上げているのがわかります。

多くのデイトレーダーは、売りと買いの需給バランスの均衡が破れた時にみんなが一斉に買うことによって一時的に株価がつり上がる、その値幅をとろうとトレードしています。

ですので、均衡が破れた時には、浮動株数に対し、その銘柄を見ているデイトレーダーの数が多ければ多いほど株価は大きく動きます。

しかし、その勢いが永久に続くはずもなく、後から続く買い手が現れなければそこで勢いは止まります。そして、デイトレーダーはその株の買いの勢いが衰えたところで売って、利益確定して差額を儲けようとします。

とはいっても、この急騰はなんらかの理由で株価が210円を超えたことで発生しました。最初に210円を超えた理由はなんでしょうか？

何かその銘柄に材料が出たのかもしれません。そしてその材料を知ったトレーダーが急いでその銘柄を買ってきたのかもしれません。実際は、誰かが個人的事情でその株をまとめて買った・売ったということもあるでしょうし、儲けたい大口投資家がデイトレーダーを引き寄せるためにわざとやってくることもあります。

しかし、多くのデイトレーダーにとってそんな理由はどうでもいいのです。実際、デイトレーダーの多くは、銘柄の業績を見ていません。その日のうちに売買を手仕舞うデイトレーダーにとって、銘柄の業績を気にする必要はないからです。

デイトレーダーにとっては、それよりも監視している銘柄が動き出すのを見過ごさないことが大事で、監視銘柄の材料や業績を見ている暇はありません。実際、トレード中にそんなことを調べていたら株価の上昇に置いていかれます。

材料を確認している時間はないとすれば、デイトレーダーの行動としては、いま210円を超えてきた銘柄は、明確に売りの圧力よりも買いの圧力のほうが強いことが判断できた。急騰の理由がわからずとも、買い圧力が強い銘柄ならいますぐ買えば買い圧力が落ちつくまでにある程度株価が上がることを期待して、少しでも早くその株を買うことが大事なのです。

そして、株価が落ちつくまでの差額を狙って、210円を超えた株を買いに行くのです。ただし、デイトレーダーというものは株価の上昇が落ちつくと一刻も早く株を売って利益確定させたいわけです。

本当に材料があって買われた銘柄であれば、あとから材料を見て業績で買ってくる投資家もいるでしょうが、そうではない場合、デイトレーダーが利益確定して株を売ろうにも高値で買ってくれる人はいません。高値で買ってくれる人がいない場合、デイトレーダーは利益を減らしてでも早く売ろうとしますので、その結果、株価が急激に落ち始めます。

そうやって株価が落ち始めると、他のデイトレーダーもここが天井と判断し、我先にと株を売りに走ります。そのため、いったん株が売られ始めると、あっという間に売りが売りを呼んで株価が急落して、元の株価に落ちつくことも少なくないのです。それが111ページのチャートでは、右側2つの急落した部分になります。

結果として、デイトレーダーは、その銘柄の材料などはほとんど無視して、需給バランスが崩れた銘柄の株価の急騰または急落の動きに乗って利ザヤを稼ぐことになります。

そして、あなたが投資の世界に身を置く限りは、世の中にはこのような投資家がいて、株価を動かしていることを知っておくことが大事です。

デイトレーダーがその株を買いたいか売りたいかの考えは動きによってめまぐるしく変わりますが、その考え方には合理的な判断がありますので、自分以外の投資家の考え方を読み、一歩先を行くことができれば、デイトレーダーとして利益を出すこともできるようになります。

2 中長期の需給を判断するポイント

デイトレーダーなどではなく、中長期の投資の場合は、銘柄の業績を見る必要があります。業績の見方については前章で説明しましたので、ここでは需給を判断するにあたり、見ておいたほうがよいポイントについて説明します。

といっても、見るべきポイントは3つだけです。

「チャート」と「出来高」と「信用残高」です。

チャートと出来高については、本章の後半で具体的に説明しますので、ここでは信用残高の意味と考え方について説明しておきます。

信用買い残高は、借金をして株を買っている人の株数で、信用売り残高は、人から株を借りてその株を売って（空売り）いる人の株数です。

この残高については、日証金（日本証券金融）分は毎日発表され、東証全体では1週間に1回残高が発表されます。わざわざ借金してまで株を買うわけですから、確実に永久保有ではない投資と言えます。そのため、買い残であれば売り決済の、売り残であれば買い戻しの、反対決済がいずれ必ず行われることになります。

そのため、**日々の出来高に比べて極端に信用残高が多い銘柄は、今後反対売買の予約が入っている**ことを覚えておきましょう。

それ以外に、大口投資家等の空売り残高も発行株式数の0・5％を超えるとしばらくして公表されますので、http://karauri.net/などの空売り情報のサイトでチェックしておきましょう。とはいえ、大口の場合は空売りしながらも現物の株を同時に保有していることもありますので、その点は注意しておきましょう。

さて、信用残高についてわかりましたので、それ以外の中長期の需給を判断する方法を説明していきましょう。

考え方の根本の部分はデイトレーダーの時と同じです。

それは、**他の投資プレイヤーが何を考えているのだろう、と常に考える**ことです。

株の売りと買いの需給は、自分以外のプレイヤーの意志によって決まります。ですので、他のプレイヤーが、いまどういう状況で、何を思っていて、どうしたいのか、それが読めれば、自然と需給が読めるようになってきます。

とはいっても、比較的シンプルなデイトレーダーと比べ、もっと長期的な他のプレイヤーの考え方は複雑で、一律の説明で対応するのは難しくなります。

そこで、次の項からは、いくつかのパターンに分けて事例を説明します。ここで述べた以外のパターンについても、同じように他のプレイヤーの考えを読むようにしてみてください。

そして、それが当たっていて自分がそれを踏まえて行動することができるようになれば、富を奪い合う株式投資の世界で勝ち残ることができるようになってきます。

3「仕手株」における需給と株価の動き方

まずは、考えを読むべき対象が少ないため、比較的わかりやすい仕手株（複数の仕手筋のこともある）の需給と株価の動き方について考えてみましょう。

特に、仕手株は危険な銘柄でもあるので、すべての投資家がその考え方と、株価の動きを知っていたほうがよいと思います。

最初に考えるべきことは、仕手筋が何を考えているかということです。**「狙った株を安値で仕込んで、吊り上げて高く売りたい」――これが仕手筋の目的として考えていること**でしょう。

次に、どうやって狙った株を安値で仕込むのかを考えてみます。株を集める時に困るのは、他の誰かが横から買いにやってくることです。そして、株価が目立って上がったり下がったりすると、値動きを嗅ぎつけてデイトレーダーが寄ってきます。仕手筋としては、仕込んでいるうちは彼らを避けたいところです。ですので、大きな値動きをしないようにしながら集めないといけません。

さらに言うと、株を安値で集めるためには、いま持っている株主に底値で株を売ってもらわなければなりません。どうしたら、その株を持っている個人投資家に株を売ってもらうことができるでしょうか。

例外もありますが、売ってもらうためにはこの株はもう上がらない、持っているともっと株価が落ちていくと思わせることです。そのため、株価を微妙に動かして株価を横ばいか少しずつ落としていきます（違法に近い行為も見かけますが、証拠をつかませるような仕手筋は滅多にいませんし、富を奪い合う戦争なのですから、これくらいは当然やってくることは想定しておくべきです）。

その結果、もう上がらないと思った個人投資家が、その株を売却していきます。1日に売られる株の量は少ないでしょうが、仕手筋は、時間をかけてその売りを丁寧に拾っていきます。

あまり株価を下げすぎて割安株狙いの長期投資家に買われたりしても厄介ですので、株価を下げすぎるわけにはいきません。逆に言うと、優良割安株が仕手株になることはまず

■仕手株の典型チャート

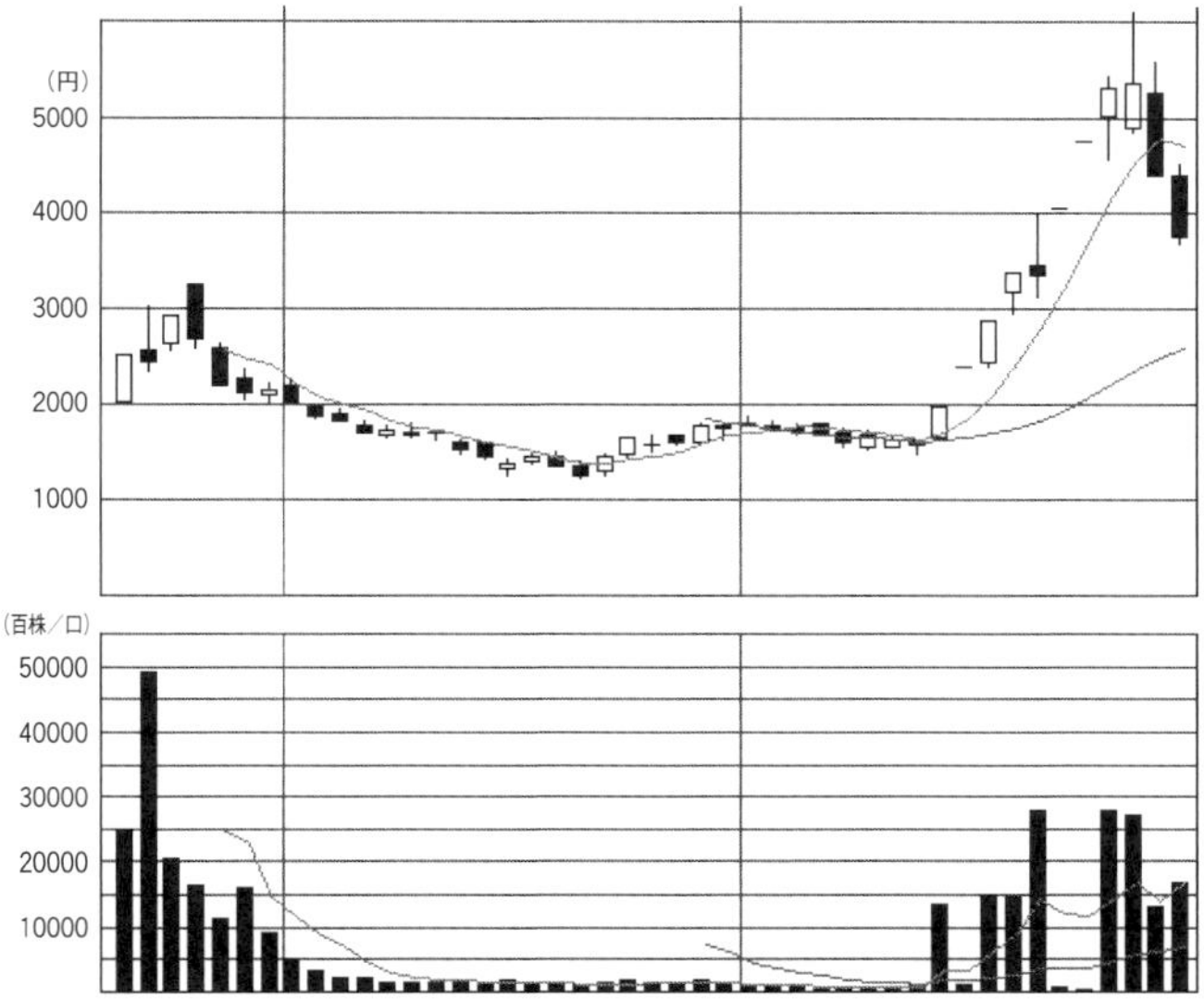

ありません。

結果として、仕手株の仕込み時期の株価は低迷または緩やかに上昇、そして出来高は少ないという状態が一定期間続きます。この期間は仕手筋が株を集めるまでの時期だったり、仕手筋が株価を上げる名目に使う材料待ちだったりしますので、期間はケースバイケースでまちまちです。

ただし、出来高を完全にカモフラージュすることは困難で、仕手筋が仕込み始める前と仕込んでいる最中で比べると、出来高が少し増えている時もあります。出来高低迷でも以前よりも少し多めという場合は、仕手株の可能性は高まります。

そして、株の仕込みがおおむね完了し、残りわずかとなってくると、今度は持ち株を少しでも高く売ることを考えなければいけなくなります。この段階までくれば、株価を上げても問題なくなってきます。

むしろ、将来的にチャートで売買するテクニカル投資家を呼び込むために、株価上昇に都合がよい、いかにも株価が上がりそうなチャートを作りに来ます。仕手筋は、その頃には浮動株のかなりの部分を保有していますから、いくらでも株価に影響を与えることは可能です。


そして、仕手筋というのは、並行して株式の情報屋をやっているところも多いです。過去に推奨したこの株が何パーセント上がったとか、実績をたくさん出しているところ等ですね。情報屋も行っている仕手筋の場合、この段階で会員である顧客に自分が仕込んだ銘柄がもうすぐ上がると情報を出します。

情報を買っている会員は、この段階で仕込むことができます。それにより株価が上がり始めたりすることもありますが、上昇チャートを作るためには自分よりも高値で株を買ってくれる人が必要ですので、むしろ好都合です。

そして、銘柄に何か材料が出るなどした時に、株価上昇の合図とばかりに、株価を上げ始めます。とはいっても、そのためには、誰かに株を高値で買ってもらわなければなりません。どんな投資家がこの株を高値で買ってくれるでしょうか。

割安株狙いの長期投資家？　ありえませんね。持っていることは少ないでしょうが、むしろ持っていたらここぞとばかりに株を売ってきそうです。

デイトレーダー？　出来高があり、値動きが大きければ買ってくれそうです。

テクニカル投資家？　多くのタイプがいますが、一般的に上がると言われるチャートの初動だと思わせることができれば買ってくれる人はいそうです。そのためには出来高を増やし、上昇チャートを作る必要があるでしょう。

となると、**値動きを大きくしていき、出来高を増やして株が上がっていく上昇チャートを作ればいい**ということになります。それにより、デイトレーダーやテクニカル投資家に自分の持ち株を売ることができるようになります。彼らはまだまだ上がると思えば、高値でも買ってくれるからです。

そして、デイトレーダーやテクニカル投資家は一斉にはやってきません。この銘柄に、というより、上昇チャートの初動に気づいた人から順々にやってきます。そして、株価を吊り上げてくれます。

この段階まで来たら、上昇のきっかけとなったＩＲ等がいかにもすごい材料なのだぞと、ヤフー！　ファイナンスの掲示板等に書き込みをすることもあります。また、あちこちにその銘柄はいいという書き込みをして、その銘柄について宣伝します。そして、その銘柄を知らなかったデイトレーダーやテクニカル投資家に銘柄の存在と上昇の流れを知らせ、高値の株価を買いに来てもらうわけです。

この段階になると、株価も出来高も急騰していますので、チャートを見れば誰でも上がっていると一目でわかるようになります。

しかし、新たにこの銘柄を知って買いに来てくれるデイトレーダーやテクニカル投資家は無限にいるわけではありません。誰もが情報を知ってしまえば、新たに買う人はいなくなりますので、買い手が減って需給のバランスは崩れます。

そして、もうこれ以上は上がらないと判断すると、デイトレーダーが一斉に利益確定ないしは損切りの売りに走ります。こうなると売り手が大きく増えて供給超過となり、株価は一気に急落します。

そのため、**仕手筋はそうなる前の多くの人が熱狂的に買っている段階で持ち株をどんど**

ん売っていきます。

全株を売るのはなかなか難しいですが、株価が2～3倍にはなっているでしょうから、半分も売れれば十分で、投資額以上を回収しつつ、実質的にタダ券となった株が手元に残ります。残りの株は、また次回の急騰仕手相場のためにとっておけば、いずれ2匹目のドジョウが狙えます。

では、どうなったら注意かというと、**株価が1日の間にいままでにも増して上下するようになったら天井が近い合図**になります。仕手筋がデイトレーダーに動きが良いぞと言って高値の株を押しつけているのですね。この段階になるとテクニカル投資家は手を引き始めますから。

典型的な仕手株は、おおむねここで説明したような動きをしますので、チャート・出来高から一相場に参加する場合は、逃げ遅れないように注意しましょう。

4 「テーマ株」の需給と株価の動き方

続いて、テーマ株について説明します。

何かニュースが出た時に一時的に株価が急騰する株があります。このような株をテーマ株と呼んでいます。

基本的には、何かニュースが出ると、そのニュースで利益を得そうだと思われる会社の株が急騰し、しばらくしてから急落します。

例えば、インフルエンザが大流行しそうだと言われれば、マスク製造などの株が上がったりするわけです。世の中にニュースはたくさんあり、そのつどテーマが出てきますので、材料には事欠きません。

中には、カジノ銘柄とかマイナンバー銘柄など、あらかじめわかっているテーマの銘柄を事前に仕込んでいる投資家もいたりします。

では、このようなテーマ株はどのような動きをするのでしょうか。上昇している部分を見てみると、仕手株に似たような動きをする場合が多いようです。その理由を他のプレイヤーの思考から考察していきましょう。

テーマ株の場合、仕手株と違って単独の力で株価を強引に動かすことができる勢力は基本的にいません。とはいえ、材料が出た後の動きは天井が低くなるだけで、仕手株に近い動きをします。

事前にわかっているテーマ（長い目で見て需要がありそうな自動運転や人工知能、VRなど）においては、事前に仕込んでいる投資家がいます。この場合は、事前に仕込んでいる投資家がほとんど仕手筋と同じ考え方で同じ行動をするうえ、他のプレイヤーもほぼ同じなので、**基本的に仕手株と同じ動き**になります。

違うのは、明らかに高すぎる株価まで上げる勢力がいませんので、株価が何倍にも化けることはほとんどないことと、事前に上げチャートが作られていないため、テクニカル投資家が入りにくいので、プレイヤー数の減少によりさらに天井が低くなります。

事前にわかっていない突然のニュースの場合は、早く気づいたもの勝ちで、**普段から「こ**

ういう系統のニュースが出た場合はこの銘柄を買う」と事前に整理できている人が強いです。

彼らは過去のニュースによる株価の値上がり幅を分析し、この系統のニュースが出た場合はどこを買うのが一番利益を出せるのかをよく研究しています。

例えば、過去に新型インフルエンザでマスク関連の株が暴騰したことがありましたが、その時一番上がったのはどこで、今後そういう系統のニュースが出たらどこを買うかをあらかじめ決めてあるのです。

この系統のテーマ株の場合は、彼らが仕手筋と同じ動きをします。彼らはあらかじめ買う銘柄を決めていますので、ニュースが出た後、迷わず最初に該当の銘柄を買うことができます。

そして、後からニュースを知って動き始める投資家や、どの株を買うか決めるのに時間がかかった投資家が高値を買うわけです。

逆に言えば、急騰した銘柄があって、これが仕手株かテーマ株かがわからなくても問題はないのです。天井が違うだけで同じような動きをするからです。

あとは、他のプレイヤーの心理を読んで、高値を買わない・早めに売ることを心がければいいだけです。

5 「板」から実践的に需給を見る方法

ここまで説明したように、**需給を読むためには見える情報から自分以外のプレイヤーの心理を読む必要があります。**とはいえ、無数にあるパターンをすべて説明することは困難ですので、主な事例を紹介しますので、徐々に需給の読み方を覚えてほしいと思います。

チャートから読むのは一段階難しいので、まずは、比較的わかりやすい売り買いの注文の「板」から読む方法について説明します。

「板」というのは、株を売りたい人と、買いたい人が出している注文のかたまり数がわかる表のことです。それぞれの銘柄ごとに、売り買いしたい価格と数がわかるようになっています。

131ページ図が板の例です。

ネット証券で株を買うために注文すると、必ずこの表のような画面を見ることになります。本来はもっと高値や安値の注文も見ることができますが、説明の便宜上、上下5円分のみ表示しています。

そして、買い注文・売り注文から相手の考えを読むわけです。例えば、302円のところに10万株の売り注文があるとしましょう（131ページ下図）。他の注文が3桁ですから、よほどの出来高がない限りそれを超えて株価が上に行くことはなさそうに見えます。

なぜ、こんな極端な株数の注文が出るのでしょうか。この注文を出した相手の心理を考えてみます。

これだけの株を売りたいのでしょうか？　もしそうであれば、こんな買ってくれそうもない注文の出し方ではなく、少しずつ小出しにして売るのではないでしょうか。そう考えると、この注文はまとまった量の株を売りたい注文ではないことがわかります。

となれば、**注文を出した相手は、株を大量に売りたいのではなく、なんらかの意図があってこの注文を出している**はずです。その意図を読むために、その注文が発生したことで出た影響を考えてみるのが近道です。

この注文を見て、あなたはこの株が上がりそうだと思うでしょうか？

違いますよね。買っても上がりそうもないと思いますよね。そして、慣れていない方は、

■「板」から需給を読む

〈板の例〉

売数量	株価	買数量
400	304	
500	303	
900	302	
500	301	
200	300	
	299	500
	298	200
	297	800
	296	800
	295	500

〈302円に10万株の売り注文〉

売数量	株価	買数量
1100	304	
1000	303	
100900	302	
500	301	
200	300	
	299	500
	298	200
	297	800
	296	800
	295	500

買いたくない、あるいは持っていたとしても少し下の300円あたりで売りたいと思いますよね。これが、注文を出した相手の意図になります。

この株の株価を上げたくないのです。おそらく、空売りしているため株価を下げたいか、安値で買い集めたいのでしょう。

そして、このように**売る意志のない売り注文（その逆もある）を見せ板といって、株式投資をして、実際に板を見ていると経験することになると思います。**

厳密に言うと、このような注文は株価操縦にあたり違法性が高いのですが、現実問題として取り締まられない例もありますし、相手が捕まったとしても誰も自分の損失を補てんしてくれません。

ですので、我々個人投資家としては、自分はできないがこういうことをやってくる相手がいるという前提で株式投資に当たるべきでしょう。

ここでの**ポイントは、自分に見える情報から他のプレイヤーが何を考えているのかを読み取ること**であり、見せ板はその最もわかりやすい例になります。

6「ロウソク足」と「出来高」から上がる株を読む方法

前項で、目に見える板の情報から自分以外のプレイヤーの考えを読むことを説明しましたが、それを応用して、実際に株が上がる直前のパターンを読むことができます。

初めのうちはこのようなパターンを見つけて株式購入のタイミングを見極めましょう。

慣れてきたら、自分自身で相手の考えを読んで一手先に行動するようにしましょう。

●上がる前のチャート「パターン1」

それでは、上がる前のパターン事例です。

次ページ図は、ある銘柄の5分足チャートです。上がロウソク足で、下が出来高を示しています。このチャートは上がる直前の形を示しています。

具体的な条件は以下の通りです。

■株価が上がる前のチャート形・パターン1（前半）

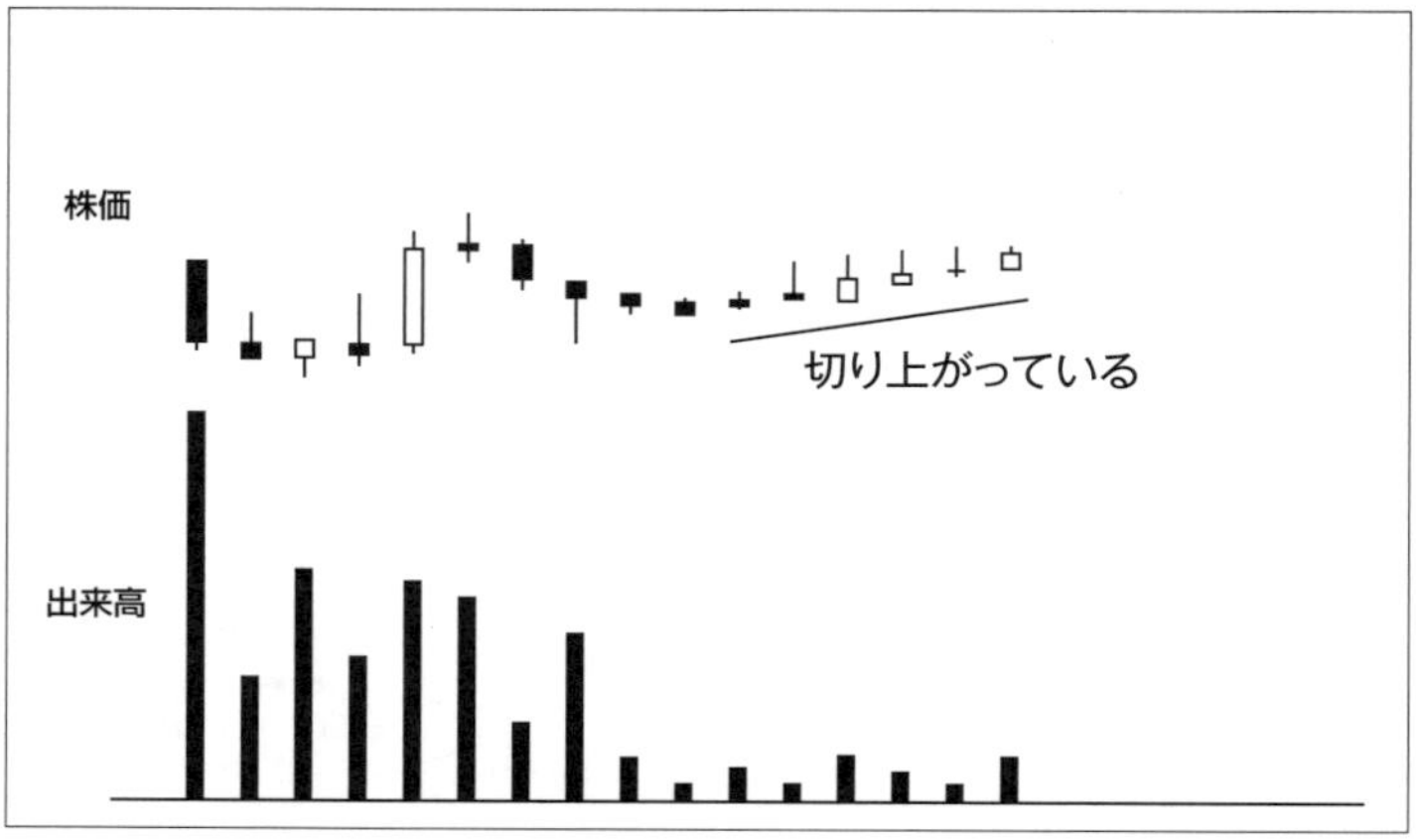

1　ロウソク足の底値が徐々に切り上がっている。

2　出来高が徐々に減ってきている、あるいは減ったままの状態である。

3　近くに大きな株数の売り板が存在しない。

（チャートは、分足でも日足でも構いません）

基本的に、この3条件を満たす場合は、上がる直前の形と言えます。なぜなのでしょうか？

まず、出来高が減ってきているということは、売りたい人・買いたい人ともに減ってきているということです。それでは、売りたい人が減っているのでしょうか？　それとも買いたい人が減っているのでしょうか？

買いたい人が減ってきているのであれば、売りたい人は少し妥協してでも株を売ろうとするはずです。その場合、ロウソク足の上値が徐々に切り下がっていくチャートになります。しかし、今回のパターンは徐々に下値が切り上がっています。

これは、**売りたい人が減ってきたために、買いたい人がなかなかその株を買えなくて、買値を妥協して少し高値でも買おうとしている**からです。

そこで、前ページの1と2の条件を満たす場合に、売りが枯れて（売りたい人が減って）、買いたい人が買値を妥協し始めていると仮定します。そうであれば、売りの板は現在の株価に近い売り板は少ないはずです。

すぐ上に大きな売り板があれば、買いたい人はその大きな売り板から株を買うはずだからです。ですので、1と2の条件を満たしてもすぐ上に大きな売り板がある場合は仮定が崩れますので、上がる前のパターンではないと判断します。

つまり、3点目の条件、「現在の株価の近くにまとまった数の売り板が存在しない」。これを満たすことにより、買いたい人は欲しい株が買えずに、少しずつ上の値段の売り板を渋々買っていることがわかります。

そして、**このパターンが出てくると、誰かが我慢できなくなって、いずれここから上の**

■株価が上がる前のチャート形・パターン1（後半）

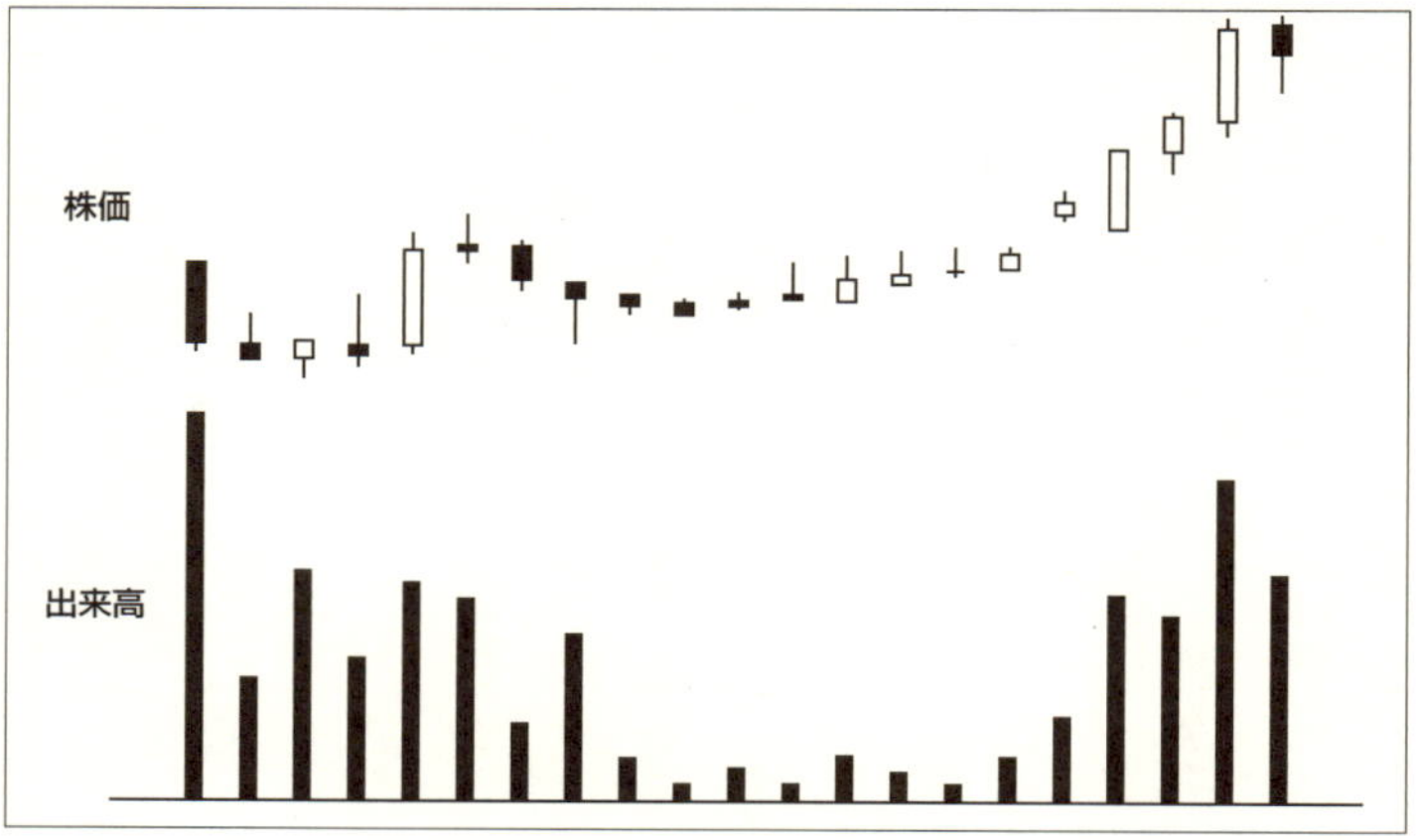

売り注文を一気に買いに来るのです。

そのため、3点の条件を満たすパターン（買いたい人が徐々に買値を妥協しているパターン）が現れた時は、株価が上がる直前だと判断できます。

もちろん、100%そうなるとは言えませんし、大口投資家の意向により、上がる直前の状況が崩されることも少なくありませんが、このパターンが出た時に買う投資方法を続けていけば、トータルでは勝ち続けられる確率が高くなります。

問題は、頻繁に出る形ではありませんので、パターンを頭に入れておいて、パターンが出た時にすぐ買えるようにしておくことが必要になります。

実際に、先ほどのパターンが出た銘柄は、

■株価が上がる前のチャート形・パターン2

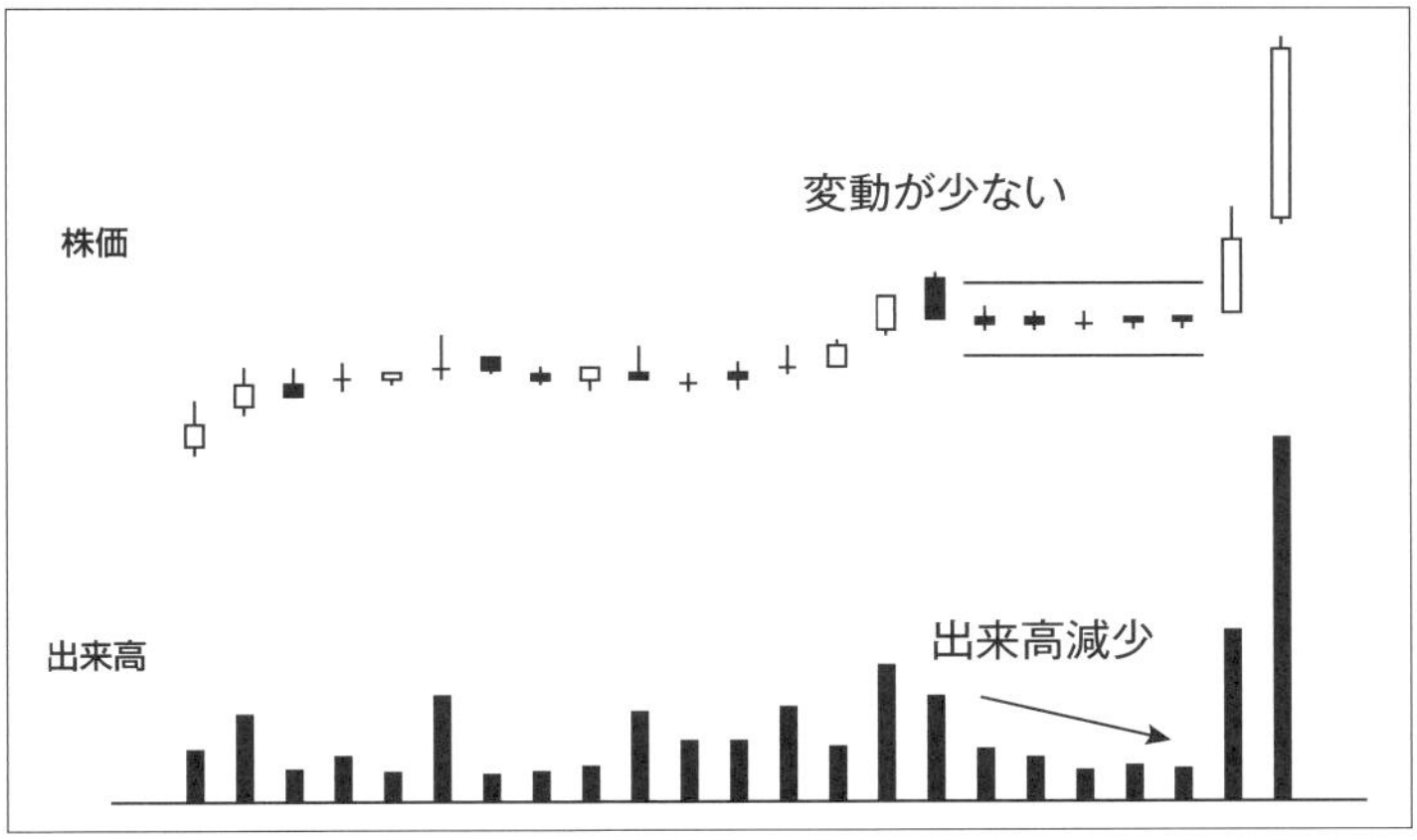

その後株価が急騰して、私は利益を出すことができました。

●上がる前のチャート「パターン2」

それでは、2つめの上がる前のパターンを紹介します。

上のチャートは、ある銘柄の日足チャートです。具体的な条件は以下の通りです。

1　ロウソク足がおおむね上昇傾向である。
2　直近数日は株価の変動が少ない。
3　直近数日の出来高がおおむね減少傾向である。

（基本は日足が対象ですが、分足に応用も可能）

この3条件を満たす場合も、上がる前のチャートと言えます。ちなみに、このパターンは大口が介入しているパターンに分類されます。この事例のチャートだと、上がる直前の5営業日は、ほとんど株価が動いていないことがわかります。

直前の数日に株価がほとんど動かないというのがポイントです。

というのも、株価が動かない銘柄は、デイトレーダーなどの短期投資家が嫌うので、さっさと売って他へ行きたがるからです。

ロウソク足がおおむね上向きですので、含み損を抱えた短期投資家は多くありません。そのため、薄利を得て売ることができます。このように、株価を固定するようにもっていくことにより、全然上がらないことに我慢できなくなった短期投資家がだんだん株を売っていきます。そして、出来高を見ながら売りが枯れるのを待ちます。

売りが出なくなっても売ってこない投資家は、業績に期待した中長期の投資家が多いので、簡単には売ってきません。このような投資家は、株価を上げに行ったとしても簡単には売ってこないので、株価を上げる邪魔にはなりにくいのです。

そして、株価上昇の妨げになる短期的な売りが枯れたのを見計らって、大口は株価を上げにきます。そして、高値圏では1日の出来高と値動きを大きくし、先ほど追い出したデイトレーダーなどの短期投資家に高値で売りつけるのです。

ですので、このパターンの場合は株価を支配している大口の心理を読み、大口が買っているうちに買い、大口が株をさばいている間に売り抜ける必要があります。

基本、このパターンを見つけてから買い集め、急騰後1日の値幅が大きくなった時点で売り抜けるようにすれば勝率が高くなるでしょう。


このように、株価が上がる前に起こる特徴をチャートから読み取り、株価が上がる前のチャートがわかるようになれば、トレード能力は飛躍的に上昇すると思います。

基本は、チャートから自分以外のプレイヤーが何を考えていて、いまの状況が起こっているのかを読み、その読みに対して自分が先んじて行動することです。

株価が上がるチャートと出来高のパターンは無数にありますので、急騰した銘柄がどのようなチャートの動きをしていたかを見るようにして、慣れてきたらチャート・出来高から この先株価がどう動くか予想する癖をつけるようにしましょう。数をこなすことで、株価の動きを読む技術が格段に上がっていきます。

第5章のポイント

〈他のプレイヤーの心理を読むポイント〉

- **デイトレーダーの投資法**
  →株価がボックス圏を離れたら一気に動き、株価の動きが止まったらすぐに引く

- **信用残高が多い銘柄は必ず反対売買がある**

- **仕手株では株価を下げて株を集め、上昇チャートを作って売る**

- **テーマ株は材料ごとにあらかじめ買う銘柄を決めている人が強い**

- **板を見て参加プレイヤーの意図を読む**

- **上がる形のチャートパターンを覚える**

サラリーマンの私が実際にやっていた儲かるデイトレード術

■相場を見なくてもできるボックス圏デイトレード

第5章では、デイトレーダーの主なトレード手法を紹介しました。しかし、ずっとパソコンの前でトレードできる人はいいのですが、サラリーマンには難しい話です。

私はサラリーマン時代に株式投資で大きく儲けて専業トレーダーになりましたが、会社の仕事が始まる前とお昼休み、そして、家に帰ってからしかトレードに時間を使っていません。

そんな私がやってきたデイトレード法を紹介します。専業トレーダーとなったいまでも実践している方法です。

その方法ですが、まずはトレードする銘柄を厳選するところから始めます。ただ、先にどんなトレードをするのか理解したほうが、銘柄選択についてわかりやすいので、先にトレード方法を説明します。

基本的なトレード方法は、その銘柄の過去、数日から数週間の値動きを見て、株価がどの範囲で動いているかを見ます。そして株価が一定のボックス圏で動いているようであれば、そのボックス圏の範囲内でのトレードを行うというものです。

例えば、株価が190円から210円で動いている銘柄があるとします。その銘柄に、夜のうちに注文を入れます。200円での買いを100株、195円での買いを100株、190円での買いを100株というようにです（144ページ図参照）。

そして、次の日の昼休みにその銘柄の株価をチェックします。

仮に、200円の100株と195円の100株が買えていたとします。買えているのが確認できたら、次に利益確定の売り注文を出します。

200円で買った株については210円で売り注文を出します。うまく210円で売れれば、10円×100円で1000円儲けられるはずです。195円で買えた分は、205円で売り注文を出します。こちらもうまく売れれば1000円儲けられるはずです。

大事なのは、何円の値幅をとるかをあらかじめ決めておき、買えた株に関しては決めていた値幅分の高値で売り注文を出すことです

そして、家に帰った後に株価を確認したら、205円の売り注文が売れていて、190円の買い注文が買えていたとします。

205円で売れていた分は、195円で買った分ですから、手数料や税金を考えなければ1000円の利益が出ているはずです。これで、195円で買い、205円で売るデイトレードが成立しました。

明日も同じことを目論むために、再度195円の買い注文を入れます。また、190円で買えた株については10円高値である200円での売り注文を入れます。

明日以降、基本的に、買えた株については常に10円上で利益確定の売り注文を入れる。売れた株は売った値段より10円下で再度の買い注文を入れなおす。これを繰り返すだけで、株価が上下に動いただけ儲けることができるというものです。

実際にやってみると、何日も約定しない日が続くこともあります。ですが、毎日し

■サラリーマンでもできるほったらかしデイトレード術

●銘柄を厳選する

↓

ボックス圏で動いている銘柄で、業績が安定しているもの
（利回り３％以上、PBR１倍より大きく下回る株主優待銘柄等）

●基本的なトレード法

㊟ 190〜210円のボックス圏で動いている銘柄

1日目

夜 ①200円で100株買い注文
②195円で100株買い注文
③190円で100株買い注文

2日目

昼 ①′200円で100株買い約定
→210円で100株売り注文
②′195円で100株買い約定
→205円で100株売り注文

夜 ②″205円で100株売り約定……1000円の儲け
（205−195）×100
③′190円で100株買い約定
→200円で100株売り注文
→195円で100株買い注文

3日目

昼 ③″200円で100株売り約定……1000円の儲け
（200−190）×100

⋮

つこく注文を繰り返せば、10円の値幅をとり続けることができるでしょう。

現実には、注文する株価や利益をとる値幅は銘柄の動きを見て決めます。例えば、900円から1000円の動きの銘柄であれば、950円、930円、910円で買って20円の値幅をとるなどです。

このあたりは、選んだ銘柄の癖を見て、より多くの利益が出るよう調整していきます。最初は20円の値幅のつもりだったが、30円でもとれそうなら、30円に変更すればいいわけです。

■超優良銘柄を選ぶ

次に、銘柄の選択方法について説明します。

実は、このトレード方法は本章で説明した一般的なデイトレードに比べるとリスクの高い投資方法です。なぜなら、一般のデイトレードでは基本的に株の持ち越し（日にちをまたいで保有すること）をしませんので、大きな損失を出すことは少ないですが、この投資方法は株を持ち越すことを基本とします。

先ほどの例で言うと、195円や190円で買った株を値上がりするまで持ち続けるわけです。ですので、その銘柄に思いがけない悪材料が出て株価が暴落すれば、その値下がりの影響による損失をまともに食らうわけです。

そのため、**銘柄は業績が良く下値の限られる銘柄を選択する必要があります。**具体的には、PBR（Price Book-Value Ratio：株価純資産倍率）が1倍を大きく下回る、配当利回りが3％を大きく上回る、優待銘柄で優待利回りが高いなどの銘柄です。

PBRが1倍を下回るとは、会社の資産のほうが、全株式の株価より多いということなので、仮に会社が解散したとしても投資金額は保証されていることになります。あくまでも理論上ですが。

このような銘柄を選ぶことで、想定外の悪材料が出た場合の損失を少なくすることができるわけです。

■出来高が大きく、動きの大きい銘柄を狙う

これ以外にも、銘柄選択には2つの条件があります。

1つは、それなりの出来高があることです。この投資方法は、ボックス圏の下値で株を買い、上値で売ることを基本としますが、出来高が全然ない銘柄の場合、190円で買い注文を入れても誰も売ってくれないでしょう。

逆に、210円で売り注文を入れても誰も買ってくれないわけです。ある程度資産が増えてくると、注文する株数を増やさなければならなくなります。銘柄を選ぶ時は、ある程度大きな株数が軽く売買できるだけの出来高がある銘柄である必要があります。

もう1つは、当然ですが値動きの大きい銘柄であることです。ボックス銘柄で出来高が多い銘柄であっても、190円から195円というように5円の間で動いている銘柄よりは、190円から210円の間（20円）で動いている銘柄のほうが、より多くの値幅がとれます。

あまり値幅の大きい銘柄はリスクが高くなりますが、ある程度値動きがないと、手数料ばかりかかってしまい利益がとれません。ですので、過去の株価の動きを見て、ある程度値動きのある銘柄を選びます。できれば、1日の間に何回も上下に動く銘柄が望ましいので、そのような銘柄を探してみてください。

■ボックスを割ったり、超えたりしたらどうするか

このようなトレードをしていると、株価がボックス圏の下限を割ったり、上限を超えたりすることが必ず起こります。

そのような時は、どのような対処をしたらいいのでしょう。

まず、上限を超えた場合です。この場合は、すべての持ち株について利益を得ているわけですから、さほど問題にはならないはずです。

売り注文を入れずに持っておけば大きな利益を得られたでしょうが、それであれば、新たに投資対象として適切かどうか考えて、よければ買いなおせば済む話です。ですので、この場合の対応は特に必要ないと考えられます。

問題が発生するのは、株価が想定の下限を割って下落した時です。この時、手元には多くの含み損のある株式を抱えていることになります。対応としては、ここで損切りするか、持ち続けるかの二者択一の判断をします。

何か悪材料が出て株価が落ちた場合は、迷わず全部損切りします。もともと下値不安の少ない銘柄を選んでいるので、致命的なほどの損失にはならないでしょう。

逆に、特に悪材料がなく株価が下落した場合は、私はさらに下を買い進めました。先ほどの例であれば、185円、180円と下がったら買い増していき、いわゆるナンピン買いを続けるわけです。株価は1円より安くなりませんので、倒産でもしない限りいつか必ず底値をつけます。それまでどんなに下がっても買い続け、例えば株価が150円くらいで落ちついたとしたら150円近辺で同じように10円の値幅をと

■サラリーマンの私が実際にやっていた儲かるデイトレード術

り続けます。

そうやって、時間をかけて少しずつ利益を積み重ねていけば、上のほうで買った分の含み損もいずれは全部埋めることができます。

ただし、この方法をとるためには、かなりの購入余力がないとできません。それができない場合は、塩漬けするか損切りする必要があります。そのため、この方法でトレードする場合は、あらかじめ株価170円までとか150円までとか、買い下がれる余裕を決めて行うことをお勧めします。何も悪材料が出ていなければ、いつかは株価が戻ります。

そこまで資金に余力がない場合は、悪材料が出ていなくても「株価が180円を割ったら損切りする」と方針を決めておく方法もあります。

実際にやってみると、日経平均が下がった時などに180円を割って株価が下がり、日経平均の回復とともに元の株価に戻ることがよくありましたので、私がこの方法を用いる時は余力を持ち、どこまでも買い下がる方法でトレードしています。

ボックス圏で動いている銘柄の下で買って上で売るだけですので、場に張りついていなくても、また一般のデイトレーダーのような技術がなくてもできる方法です。銘柄選択を間違えなければ誰でも簡単にできます。

ただし、株価が下がっていくとポジションがどんどん大きくなりますので、何かの悪材料などで株価が一気に下がると、莫大な損失を被る可能性があります。何度も言いますが、そのため銘柄は下値不安の少ない銘柄に厳選する必要があります。

■半分だけデイトレ、半分は中期トレードでリスク分散

さらに、私はこれを応用した投資方法を実践していました。

それは、値上がりを狙ってギャップをとりに行く銘柄で、値幅をとる部分とギャップを狙いに行く部分に分けて株式を購入するというものです。

例えば先の例でいうと、190円とか200円で株式を買った資金の半分は10円の値上がり（値幅）を狙う分として頻繁に売り買いして利益を稼ぎ、残り半分は材料が出て株価が上がるまで持っている分というように分けて買います。

少しでも利益確定していると、精神衛生上余裕ができますので、残りの株が多少下がっても保有し続けることができるようになります。

そして、ギャップを狙う分は中期の銘柄としてトレードするわけです。

第6章

成功率を大きく高める売買タイミング

1 成功率を上げるテクニカル指標の見方

世の中には、テクニカル指標だけを使って株式投資を行っている投資家がいます。実際に、それで利益を出し続けている投資家もいます。なぜ、テクニカル指標は大事なのでしょうか。

需給の観点からテクニカル指標について考えてみましょう。

例えば、抵抗線・支持線というものがあります（154ページ図）。ロウソク足に引いた抵抗線は、株価が上がろうとする時の壁になります。なぜでしょうか？

私も、かつて、ファンダメンタルズ重視の投資をしていた時期は、なんで抵抗線なんか考えないといけないのだ、と思っていました。業績が良くなれば、そんな節目など関係なく株価は上がるものだと。

しかし、**需給の観点からすると、抵抗線等は考慮しなければならない節目になります。**

「勢いのない株価上昇であれば、抵抗線で跳ね返される可能性が高い」と思っている投資家が世界中に少なからずおり、そうした投資家達が、株価が上昇して抵抗線に近づいたり、抵抗線を超えられないと判断したりすると、実際に株を売ってくるわけです。

その結果、ロウソク足に線を引いただけの適当としか思えない株価の近辺で、実際に一定数の売り圧力が発生します。その結果、その株価帯が抵抗線として実際に意味を持ってくるのです。

そういった意味で、メジャーなテクニカル指標（移動平均線、ボリンジャーバンドなど）は、株価の値動きに無視できない影響を及ぼします。ですので、株式投資をするのであれば、テクニカルについてもある程度は学んでおくべきです。

そして、これらのテクニカル指標は、需給等から見る自分の予想が間違っていないかをチェックする効果も見込めます。

そこで、ここでは私が常に意識している最低限のテクニカル指標について説明していきます。


まずは、**「抵抗線・支持線」**です。

このラインを超えた場合に、株価が上または下に抜ける場合が多いので、チェックしています。とはいえ、これを基準とした売買はあまりしていません。

〈抵抗線・支持線〉

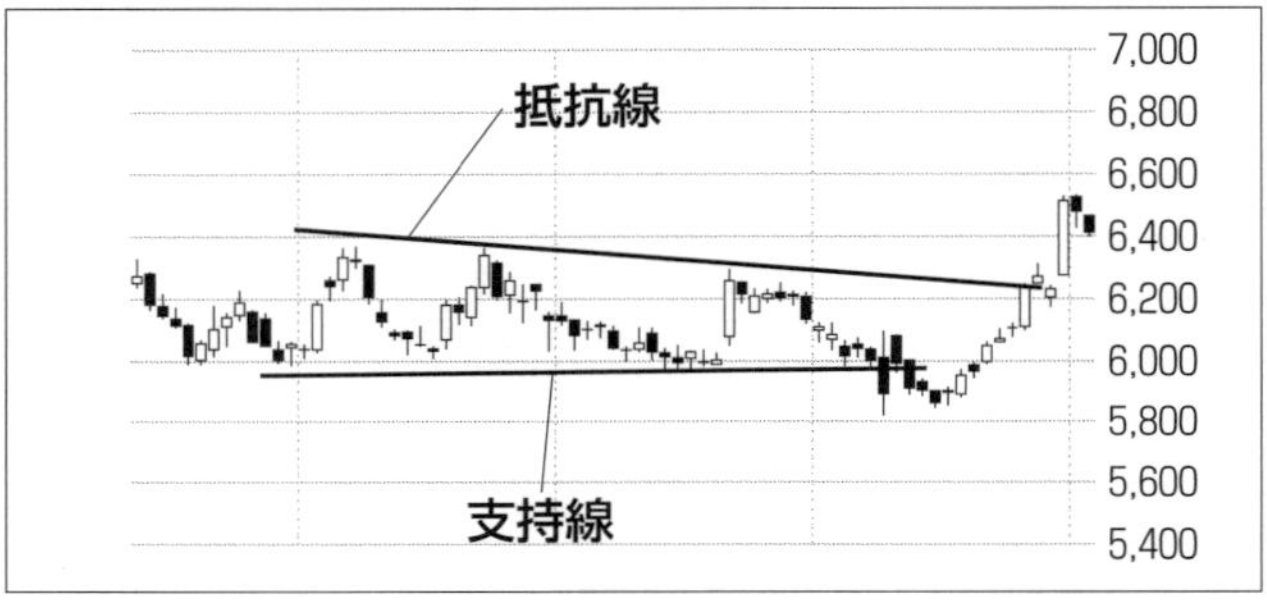

〈ボリンジャーバンド〉

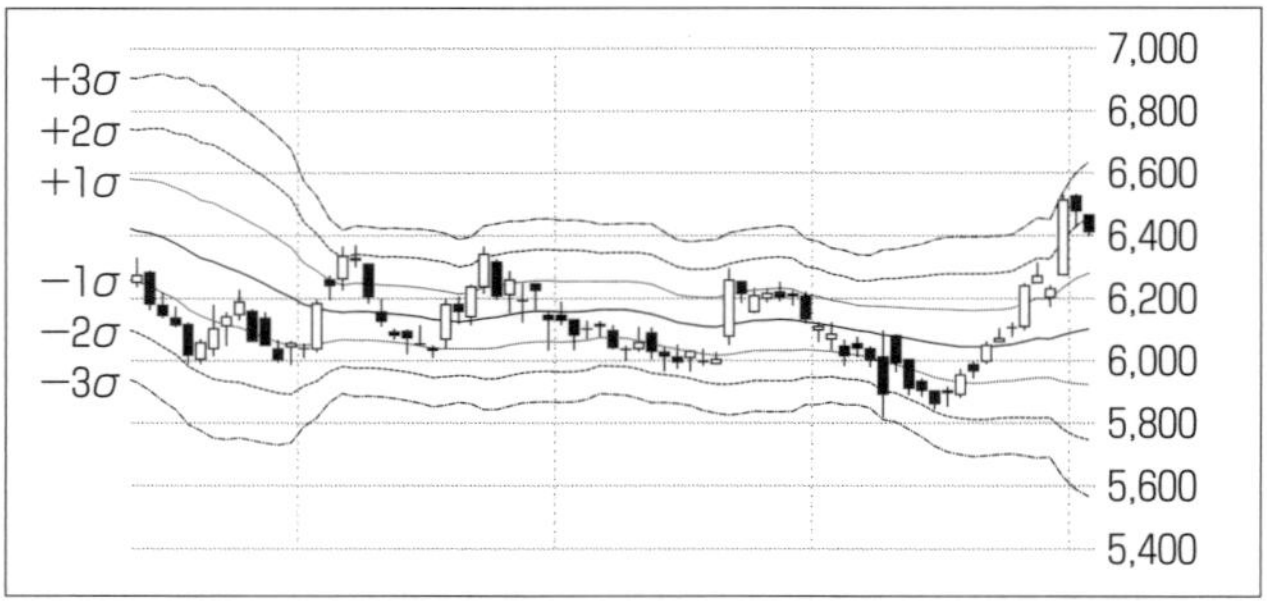

〈移動平均線〉

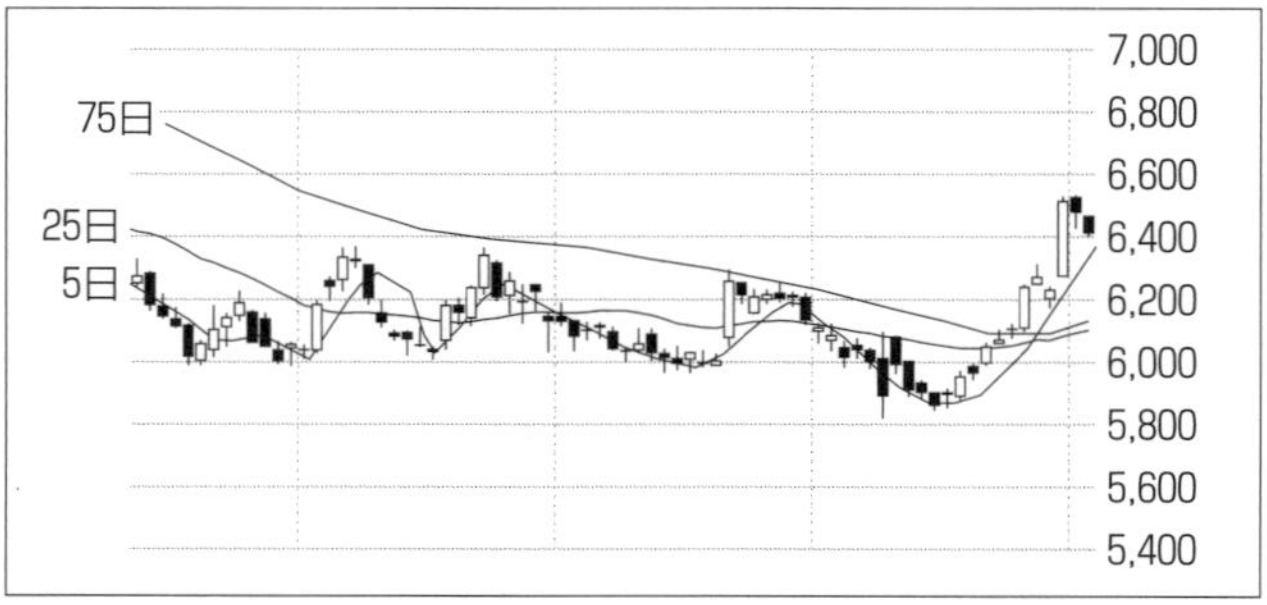

■本書で扱ったテクニカル指標

◎抵抗線・支持線

「抵抗線」とは株価の上値同士を結んだ線のこと。このラインのあたりまで株価が上昇すると売り圧力が高まり、価格が下落するような価格帯ラインです。上に行く抵抗になるため抵抗線と呼ばれます。「支持線」は、逆に株価の下値同士を結んだ線のことです。抵抗線と同様に、このラインあたりまで価格が下がると買いが優勢になって反発する可能性が高くなります。下値を支えるため支持線と呼ばれます。

◎ボリンジャーバンド

ボリンジャーバンドは、移動平均線と、その上下に値動きの幅を示す線（移動平均線との乖離）を描いた指標です。上下の線は、「±1σ（シグマ）、±2σ、±3σ」があり、±1σでは約68％の確率でその線の範囲に収まり、±2σでは約95％が収まることを示します。

◎移動平均線

直近の過去数日間の終値を平均した価格をつないだ線です。よく使われるものは、例えば日足チャートでは5日線、25日線、75日線など。5日線であれば、過去5日間の終値の平均になります。それぞれの線の方向から株価の動きを判断したり、乖離から株価の短期的な動きを判断したりします。

次に、**「ボリンジャーバンド」**です。

基本的に日足で＋2σ（シグマ）を超えるか－2σを割るかした場合に、気をつけています。これらが発生した場合はスピード違反でいったん調整する場合が多いからです。

最後に**「移動平均線」**です。

基本的に、5・25日の移動平均線を見ています。短期線ほど上にあり、すべてのラインが上向きであれば持ち株は順調だと判断していますが、5日線が25日線を割り込んだ時は、天井を打った可能性を考えます。

以上は私が常に注意している指標ですが、判断に迷った時はもっと細かい指標を見て判断の参考とする場合もあります。より詳しく知りたい方はテクニカルの本を読んでみてください。

このように、自分の投資の精度を上げるためにもテクニカル指標も最低限はチェックしておいたほうがいいでしょう。自分の判断とテクニカル判断が異なる場合に、読み違いの可能性を見つけることができるからです。

2 買う前に目標株価を決めておく

続いて、株を買う前に株価について考えておくべきことを述べておきます。それは、**自分の中で目標株価を決めておく**ことです。

私の投資手法の根幹は、現状（株価）とその銘柄の真の価値とのギャップのある銘柄を探し、そのギャップが埋まる過程で株価上昇の恩恵を得るというものです。であれば、その銘柄の真の価値＝目標株価を決めておく必要があります。

前述したように私はＫＬａｂ株で儲けましたが（69ページ）、そこで述べた通り、売上規模から適正株価は１２００円程度と算出しました。ギャップの目安をはかるためにも真の価値である適正株価を自分なりに計算しましょう。

計算方法としては、上方修正銘柄であれば、上方修正後の平均ＰＥＲ（株価収益率）がおおよその基準となります。

例えば、過去の平均ＰＥＲが10倍の銘柄・業種であれば、上方修正によりＥＰＳ（１株当たり純利益）が70円→１００円まで上がるとすれば、適正株価はＥＰＳ１００円×10倍＝１０００円となります。

そして、実際の株価の動きとしては、一度適正株価を超えて大きく上昇し、最終的に適正株価に落ちついてくるという動きをする場合が多いのです。**経験上、高くても適正株価のだいたい2倍くらいが上限になることが多い**ので、適正株価を超えてきたら天井が来ないか注視し、あるいは少しずつ利益確定を始め、適正株価の２倍くらいまで来るようであれば、残り全部を利益確定するのが無難です。

逆に、**株価が下がる時も適正株価を超えて下がることが多いので、安く仕込むチャンスになること**を覚えておくといいでしょう。

3 株を買うタイミングは

それでは、株を買う時の注意点です。

第3章と第4章を参考に適切な銘柄を選んでいるのであれば、あなたがいまから買おうとしている銘柄は、何かきっかけがあって株価上昇が見込めるギャップを持っていることになります。

そして、買うタイミングで、そのギャップが埋まるきっかけとなる材料がいつになるのかを考えます。

●上方修正は決算の1週間前が狙い目

まずは、**上方修正期待銘柄の場合**です。

業績の上方修正は決算の1週間前頃に出ることが多いです。というのは、**決算予想を一定以上の割合で変更する場合は1週間前までにIRを出す必要があるから**です。したがって、購入のタイミングは、決算の1週間よりもちょっと前が最もいいタイミングになります。

ただし、中には早く上方修正を出してくる銘柄もありますので、その銘柄の過去のIRの出し方をチェックし、そういう銘柄であれば早めに購入しておく必要があります。

注意点としては、明らかに上方修正が他の多くの投資家に読まれていて株価が上昇を始めている場合は、より早めに購入したほうがよい場合もあることです。これについては株価の動きを見て臨機応変に対応しなければなりません。

上方修正をきっかけとして株価のギャップが埋まることを期待して買うわけですから、買うタイミングは、基本的には上方修正の出る前、ギャップが埋まり始めているならギャップが埋まる前となります。

次に、**黒字化が見込める赤字会社の場合**です。

これも基本的には、上方修正銘柄と変わりません。黒字化という誰にでも好材料とわかるＩＲが出る前を狙うことになります。

●なぜか株価が低く抑えられている時は

上方修正等の場合は、株価のギャップが埋まるタイミングがわかりやすいので、買いのタイミングを見つけることも比較的簡単です。難しいのは、株価がなんらかの理由で不当に安く抑えられている場合です。

１つの方法としては、**株価が明らかに不当に落とされていることに自信があるのであれば、安い時に仕込んでしまうやり方があります。**いつ上がるかわからないが、いつか必ず上がるわけですから、倒産や下方修正の心配がない銘柄であれば買いのタイミングを最も簡単にする選択肢となります。

2つめの方法としては、需給から底を判断する方法です。大口投資家が自分が安値で集めるために無理やり株価を落としてくることは頻繁にあります。とはいっても、それには限度があります。大口側の立場で考えてみましょう。

基本的に大口は空売りや現物売りを交えながら株価を下値に誘導してきます。しかし、他の大口や低位株投資の個人投資家達に自分の売りを安く買われる事態は避けたいはずです。

はじめのうちは、信用取引の保証金維持率が危なくなった個人の投げ売りやテクニカル投資家の売り転換と判断した売り（テクニカル的に株価下落の兆候が出て売りに動く）が期待できるでしょうが、株価が下がっていくとそのような売りはだんだん減ってきます。

逆に割安になったことによる買いが増えてきますので、安値で仕込みたい大口としても、株価を下げることができる限度というものが存在します。

そして、その限度付近まで株価が落ちてくると投げ売ってくる個人は少なくなりますし、テクニカル投資家はとっくに損切り済みでしょうから、どうしても出来高が少なくなります。そうなると、安値で集めたい大口としても買いたい株が思うように集まらない、へたに下げ誘導すると買われてしまって持ち株が減ってしまう状態になります。

大口はこの近辺でたまに出る売りを拾うしかありません。そのため、ロウソク足と出来高を見て、**「株価の減少が止まって株価の動きが横横または微上げになった」＋「出来高が細っている」**の2条件（137ページ）を満たす状態になります。そうなった時が、仕込み開始の合図になります。

ただし時々、地合い（日経平均等、相場の動き）の下落に合わせて大口がもう一段下を狙ってくることがあり、そして成功することも少なくありませんので、この段階での買いは予定の半分までにしておいたほうが無難です。

しばらくして、大口がある程度株を集めてくると、今度は株価を上げる準備に入ります。株価が上がった時に安心して買ってもらえるよう、テクニカル的に買いやすいチャートを作ってきます。

そうすると、時々爆買いで急騰しては少し下がることを繰り返したり、大口不在の場合は買いたい人たちが少しずつ買値を妥協する（高くても買ってくる）ために底値が少しずつ切り上がってきます。

このような兆候が見えてきましたら、残しておいた資金分も買ってしまって大丈夫です。株価上昇の準備が進んできたためです。ただ、このパターンになってもすぐに株価が上がらないことはありますので、ここまで来ても辛抱は必要になります。

このパターンは大口不在で、一時的な悪材料で下がった場合も同じようなパターンになりますので、なんらかの理由で株価が明らかに抑えられている場合は、同じように考えればよいでしょう。

4 株を売るべき3つのタイミング

次に、株を売るべきタイミングについて説明します。

157ページでも説明しましたが、あらかじめ適正株価を自分の中で想定しておきます。基本的には、**「適正株価を超えたら売り始め、2倍まで来たらすべて売る」**というものです。適正株価を正確に計算できるようになると、このパターンでかなりいいところで売れることが多くなります。ですので、適正株価を自分なりに算出して、この方法で売却していくのが基本になります。
とはいっても、そんなに簡単にはいかない場合も多くあります。
そうした場合は、臨機応変に対応しなければなりませんので、それ以外の基準を持っておく必要があります。

1つめは、ローソク足と出来高から見る方法です。

「いままでに比べて1日の値幅が大きくなり、かつ、出来高が急増した時に売る」というものです。

大口がいる場合、大口としてはなるべく高値で多くの株を売りたいはずです。では、どうしたら高値で多くの人に株を買ってもらえるでしょうか。高値で買ってくれる1つめの対象はデイトレーダーです。

彼らは、出来高が多く値幅の大きな銘柄を好みます。であれば、その通りの動きをしてあげれば彼らは喜んで買ってくれるでしょう。そういう理由から、天井をつける時には株価の振れ幅は大きくなり、そして出来高も増えるのです。

大口が不在でも、そのあたりを理解している個人投資家達が高値で売り抜けようとするので結局同じような動きになります。

しかし、それほど値動きの激しくない銘柄もあります。

そこで、2つめの基準としては、**「株価が25日移動平均線を割り込んだら売る」**というものです。ここから盛り返す銘柄もあるにはあるのですが、ここを割り込むといったん大きな調整をする銘柄も少なくないため、25日線を割った銘柄は売却するのが無難です。

3つめの基準として、上方修正銘柄や材料銘柄での方法ですが、**「上方修正や材料が出たら翌日に売る」**というものです。

株価が上がっていくためには、そこから新たに高値を買ってくれる人が必要です。上方修正銘柄の場合、上方修正が出てしまえば直後に買いたい人は別にして、後から高値を買ってくる人などいないことになります。ですので、ストップ高で張りついている場合を除き、上方修正が出た翌日には売ってしまって問題がありません。

小型銘柄などでは、情報をチェックできていなかった個人投資家が株価急騰を見て買いに来ることもありますので、朝一番で売らなければならないわけではありませんが、材料をみんなが知ってしまえばもう株価は上がらないと思って行動したほうがよいでしょう。

このようなことに注意しながら、株を売買していただければと思います。

第6章のポイント

〈テクニカル指標について〉

- 抵抗線・支持線を超えると株価が上か下に抜ける
- ボリンジャーバンドは日足、＋２σと－２σラインを超えたらいったん調整する場合が多い
- 移動平均線は天井の判断に使う

〈買いと売りのタイミング〉

- 買う前に目標株価（適正株価）を決めておく
- 上方修正狙いの場合、決算の１週間前が購入の狙い目
- 目標株価を超えたら売り始め、２倍になったらすべて売る
- 値幅が大きくなり出来高が急増したら売る
- 25日移動平均線を割り込んだら売る
- 上方修正や材料が出た翌日に売る

第7章

資産３億円を達成するために必要な自己コントロール

1 株で成功している人は自己コントロールができる

私はこれまで、ファンダメンタルズもテクニカルもしっかり分析できるにもかかわらず株式投資で勝っていない投資家をたくさん見てきました。逆に、それほど分析できないのにトータルとしては儲けている投資家もいます。その差はどこにあるのでしょうか。

その差は、株式投資に対する心構えです。

私がこれまで見てきた経験から言えることとは、**「勝ち続けている投資家は例外なく自己コントロールができている」**ということです。それができていない投資家は、大事なところで間違った判断をして資産を減らしています。

そこで、この章では、株式投資で勝ち続けるために必要な自己コントロールについてお伝えします。

心構えとも言える「4つの鉄則」と、実践しておきたい「9つの実践」です。どれも聞いてみれば当たり前のことなのですが、お金が絡むと冷静さを失う人が多いのです。

もし、あなたが株式投資の世界で儲け続けたいと思うのでしたら、これらを実践してほしいと思います。

2 一番大事なのは冷静な判断力を失わないこと

株式投資で最も大事な能力はなんでしょうか？

知識？　経験？　技術？　どれでもありません。

それは、**どのような事態になろうと常に冷静に判断できる能力**です。

当たり前の話ですが、株式投資はお金が絡みます。ギャンブルなどもそうですが、人間はお金が絡むと冷静に行動できなくなることがあります。

株式投資の世界で儲けているヘッジファンドや証券会社等の大口投資家は、自分たちが儲けるために、あらゆる方法を使ってあなたを含めた個人投資家の冷静さを奪いにきます。

暴落を装って不安を掻き立てて安値で損切りさせたりとか、どんどん株価が上がっていくので出遅れまいと高値で買わせたりとか。私も信用取引の保証金維持率が不安で勝負銘柄を底値で損切りしたことがあります。

しかし、後から冷静に考えてみると、なんでこんなところでこの株を売った（買った）のだろうと思うのです。

株式投資の世界で儲け続けたいのであれば、決してこのような投資をしてはいけません。株価は、世界中の人間の心理によって作られますが、あなた自身は冷静に客観的に会社と株価を見続けなければならないのです。

逆に言えば、これさえしっかりとできている人は、ある程度努力をすれば儲け続けることができるとも言えます。常に冷静に判断できることは、それだけ大事なのです。

そこで、株式投資で冷静に判断できるようにするために気をつけてほしい「鉄則」を4項目あげます。ぜひ、実施してほしいと思います。

鉄則1　本業が手につかないような投資はしない

ほとんどの個人投資家は本業である仕事を持ち、片手間に株式投資をしていると思います。私もサラリーマン時代は本業である仕事を持ちながら投資をしていました。

そして、投資家の中には、株式投資を始めると、株価が気になって仕事が手につかなくなる人がいます。

確かに、誰でもリスクをとるのは不安ですから、その気持ちはよくわかります。しかし、株価が気になって本業に支障が出てしまっては本末転倒です。

不安でしかたがない人はポジションのとりすぎであることがほとんどです。1億円持っている人が1万円損するかもしれないと思っても、それで仕事が手につかなくなることはないでしょう。しかし10万円しか持っていない人が1万円損するかもしれない投資に手を出していれば、気になる人もいるでしょう。

ですので、不安な方は最初は少ない額から始めることをお勧めします。いまは、ミニ株など少ない投資金額で投資できる商品もありますし、株主優待銘柄など自分も楽しみながら投資すれば少々の値下がりは気にならなくなります。

そして、**慣れてきたら少しずつ大きな投資を始めます。何度も場数を踏めば、だんだん大きな投資を冷静にすることができるようになります。**

かく言う私も、最初はリスクをとることができず、少しでも損しないかとビクビクしていた時期もありました。ですが、経験を積んだ結果、いまでは大きなトレードでもできるようになりました。

鉄則2　自分と反対の意見に耳を傾ける

鉄則2は、自分と反対の意見に耳を傾けることです。例えば、自分が買って持っている銘柄の売り方（その銘柄を売ろうとしている投資家）の意見に耳を傾けることです。

人は誰でも自分にとって心地よくない意見は聞きたくないものです。特に、持ち株の不安材料などは耳に入れたくありません。しかし、そこから目を背けてはいけません。いまはネット上に銘柄ごとの掲示板もありますので、むしろ**積極的に自分の持っている銘柄の売り意見を聞くべき**です。

もし、自分がその銘柄を買った判断についての見落としを見つけることができれば、大きな損失を未然に防げることになります。あるいは、売り方に大した意見がないのであれば、自分の判断は間違っていなかったのだという自信につながります。

また、株価が暴落した時こそ不安になって掲示板などを見ることがありますが、そういう時期は、その銘柄の不安要素の投稿であふれています。そこで不安になって株を売ってしまうのは冷静さを失った投資家です。

事前にそういう材料が問題ないことを確認し、判断しておけば、狼狽する必要もありません。

自分が選んだ銘柄に投資したら、**本当にその銘柄に弱点はないのか確認するため**にも、そして、自分の持っている銘柄を冷静に客観的に判断するためにも、自分と反対の意見に耳を傾けるようにしてください。

鉄則3 損失の責任は自分にあると自覚する

株式投資について色々な方と話していると、投資で失敗した時に損失の原因を会社や他人に求める人がいます。実際、下方修正した銘柄の掲示板を見ると、会社への恨みつらみやその銘柄を推奨していた他の投資家の悪口など、損をした腹いせとしか思えない投稿を多数見かけます。

そして、そのような失敗の原因を他人に求める投資家は例外なく儲かっていません。おそらく今後も同じ過ちを繰り返すことでしょう。

勝ち続けている投資家は、損失の責任は100%自分にあると理解しています。どういう経緯があれ、その銘柄に投資することを最終的に決めたのは自分自身ですから。

そして、あなたが今後投資で失敗して損失を出したとしても、冷静に失敗の責任を認めることにより、失敗の原因を分析して次に生かすことができるのです。そうすることで、あなたは勝ち組投資家に一歩一歩近づいていくのです。

鉄則4 株で勝った時こそ油断しない

株式投資で儲け続けられるようになるまでに、必ずと言っていいほど通る試練があります。それは、2〜3回連続して読みを当てて儲けた時によく起こります。たまたまでも連続して儲けることに成功すると、「私は株式投資の天才」と錯覚してしまうのです。

こういう時こそ注意しましょう。そうしないと、その先で雑な投資をして必ずと言っていいほど大きな失敗をします。

連続して成功した時こそ油断せず、冷静になりましょう。

自己コントロール・４つの鉄則

◎鉄則１
本業が手につかないような投資はしない

◎鉄則２
自分と反対の意見に耳を傾ける

◎鉄則３
損失の責任は自分にあると自覚する

◎鉄則４
株で勝った時こそ油断しない

3 株式投資にあたって実践すべきこと

ここからは、冷静に判断するためだけでなく、株式投資を実施するにあたって実践しておいたほうがよいことを説明します。

本業である仕事をしながら株式投資をしている多くの方は、株式投資は片手間にやるものという認識でいるようです。

しかし、株式投資の世界は戦争です。そんな生易しいものではありません。株式投資で大きな資産を作ろうと考えているのであれば、本業である仕事と同じくらい本気で投資に向き合うことが必要です。

とはいえ、株式投資に多くの時間を割ける方は限られていると思います。そこで、私の経験から、これだけは実践したほうがよいと思えることを9項目まとめました。

この本を手にとってくださった皆さんには、できる限り株式投資の世界で勝っていただきたいと思っています。ですので、これからお伝えする9の項目を必ず実践してほしいと思います。

その中には定期的に行わなければならないこともありますが、多くはこれをしてはいけないというものなので、それほど時間をとることなくできると思います。

実践1　買う時は必ず自分の言葉で買う理由を書く

1つめの実践内容は、株を買う時は必ず自分の言葉でその株を買う理由を書くことです。あなたが毎日見ることができる場所にあれば、メモ用紙でもパソコンの中でも構いません。そこに、**あなたがその株を買いたいと思った理由を箇条書きに書いてください。**

注意点としては、誰々が推奨していたからというのはNGです。必ず自分の言葉で書いてください。他人の推奨銘柄であってもその推奨理由がはっきりしていて、その理由が自分で納得できるものであれば、その理由を書いてください。

なぜ、そのようなことをする必要があるのでしょうか。

1つめの理由として、株を買う理由を自分の言葉に落とし込めない人は、「失敗の責任を自分でとれない」からです。鉄則3（173ページ）で述べたように、損失を他人のせいにするようでは株式投資で勝ち続けることはできません。自分で買う理由を書くことにより、この投資は自分の責任で行った投資であるという自覚を持つことができます。

2つめの理由は、「持ち株を冷静な判断で売ることができるようになる」からです。

株式投資をしていると株価が急落したりして、不安になって持ち株を売りたくなることがよく起こります。ですが、そのような時も冷静に判断しなければなりません。

あらかじめ、その銘柄を買った理由をまとめておけば、株価が急落しても持ち株の売却について冷静に判断できます。

もし、買った理由が1つも崩れていないのでしたら、株価が急落しても持ち続けることができますし、買った理由が崩れているのでしたら、買った判断が誤っていたということで、冷静に売却する決断ができます。

このように、**株価が一時的に下がった時のお守りとして、ぜひともその銘柄を買った理由を箇条書きにまとめて、何かあった時に理由が崩れていないか確認する癖**をつけてください。

実践2 損切りは必要な時だけ行う

最近は個人投資家の中でも損切りできる人が増えてきています。昔は、株式投資は損切りできない投資家は勝ち残れないと言われていました。

株式投資の世界は戦争ですから、大口投資家は損切りできる人が多数派になってきた場合、損切りの条件を発動させて損切りを誘ったほうが儲けることができます。そのため、株価をわざと逆指値（条件つき損切り注文）が入っているところまで下げて売らせて、そこから儲けるようなことも行われています。

株価が10％下がったら必ず損切りしましょう、などと書かれている書籍もありますが、株価が下がったからといって無条件に損切りを繰り返していては、資産を減らしていくだけです。

せっかく「実践1」で銘柄を買った理由を書いているわけですから、**買った理由が崩れた時は売る、崩れていない時は売らない**ということを徹底したほうが、トータルでは損をせずに済みます。

そもそも損切りが必要だと言われてきた理由は、下がり続ける株を持ち続けても資産を減らすだけなので、株価が下がった銘柄＝今後も株価が下がる銘柄であることが多いという前提から、損切りしたほうが資産を減らさずに済むというものです。それより、上がる銘柄に再投資したほうがよい、という考え方です。

その理論からすれば、一時的に株価が落ちたけれど、今後は回復する銘柄であれば持ち続けていてよいことになります。

そして、買った理由が1つも崩れていない銘柄は今後上がる可能性が高い株と言えますので、損切りする必要はないわけです。

ただし、信用取引などレバレッジをかけた投資をしている場合は別なので、注意しましょう。

実践3 定期的に株価・ＩＲをチェックする

株式投資をしている場合、定期的に保有する銘柄の株価とＩＲ（投資家向け広報）をチェックしましょう。頻繁に株式の売買をしている人は毎日、そうでない人も最低1週間に

1回はチェックしましょう。

持ち株が暴落したから見たくない、ということだけは絶対にしないでください。現実を直視しましょう。

なぜ株価チェックが必要かというと、何か特別なニュースが出て株価が急騰したり急落したりするかもしれないからです。急騰しているならいいのですが、悪いニュースが出て株価が下がっているのであれば、それ以上損失を広げないためにもすぐに株を売る必要があります。株価を全然見ていないと異常事態が発生した時に対応が遅れてしまいます。

株価はヤフー！　ファイナンスにポートフォリオ登録をしておけば一覧で見られますし、IRも銘柄コードを入れれば確認できるサイト（株ドラゴン、www.kabudragon.com）等がありますので、簡単にチェックできるはずです。

中には本業が忙しくてそんな暇がないという方もいるかもしれません。しかし、本業の仕事でプロとして手が抜けないのと同様、同じように真剣に取り組まないと投資の世界で儲け続けることはできません。**最低限、株価とIRのチェックは実践**しましょう。

ただ、私も3か月に1回しかチェックしない銘柄もあります。優待目的で最低限の株数しか持っていない銘柄です。このように株価ゼロになってもそれほど痛くない銘柄であれば、3か月に1回のチェックでもよいと思います。

実践4 持ち株の1つが倒産しても耐えられる投資を

株式投資で勝ち続けたやり手の投資家が、突然破産して退場することがあります。数少ない銘柄にレバレッジをかけて集中投資し、急速に資産を増やした方によく見られます。

1つの銘柄に全資産を投資していると、万が一その会社が倒産した場合、すべての資産を失います。それだけならまだましで、信用取引などでレバレッジをかけていた場合は資産がマイナスになって破産することもあります。

震災前は東京電力が倒産するなどと考える人はほとんどいませんでしたが、震災後は倒産こそしなかったものの株価は暴落しました。

ですので、こういう可能性も考えて、**どんな一流企業でも盲信しない**ようにしましょう。具体的には、株式投資を行う場合は、持ち株のどこか1つが明日倒産しても投資を続けられるように資産配分しましょう。

昔の人はそのための格言を残してくれています。「卵は1つの籠に入れるな」というものです。いくつかの籠に分けて入れておくことにより、1つの籠を落としても（持ち株が1つ倒産しても）すべての資産を失わずに済みます。

ただし、投資初期のうちで、資金を失ったとしても再びやり直せるのであれば、これはと思った銘柄に1点投資するのもありだと思います。

実践5　有望な株がない時は現金を持ち続ける

株式投資に慣れてくると、ついつい常に何かの株を持っていたくなるものです。しかし、リーマン・ショックの時のように、ほぼすべての株が下がり続けることもあります。そのような時に株式を持っていても資産が減っていくだけです。

いまは、ベア型ETFや空売りなど、下がるとわかっている時に投資できる商品もありますので、この先株価が下がると予想するのであれば、そういう商品を買う選択肢もあります。

ですが、**先行きが不透明な中で十分な調査や投資に値する理由が希薄なまま株を購入するのはギャンブルに過ぎず、資産を減らす大きな要因**になります。「実践1」（177ページ）

に書いたように、買う理由がしっかり書けない、自分がよくわからない銘柄に投資してはいけません。

他人のお金を預かっているプロの投資家は、常に利益を出すことを求められますので、先が不透明だからといってお金を遊ばせることは許されませんが、我々個人投資家は自分の資産を自由に投資できるわけです。であれば、**現金のままチャンスが来るまで待つという選択肢を持つことは非常に有効**です。

普段は証券口座に現金を寝かせておき、年に一度の暴落時に、ここぞと大量買いした後、リバウンドしたら利益確定し、その時のトレードだけで1年分の生活費を稼いでいるトレーダーもいます。

せっかく、現金で持つという個人投資家に与えられた特権があるのですから、それを生かしてみるといいと思います。

実践6 負けた時は原因分析し、投資の糧にする

投資の世界はリスクがありますので、すべての損失を避けることはできません。

ですが、その損失があらかじめ十分な準備や調査を行っていれば避けられた損失なのであれば、今後はそのような損失を避けなければなりません。同じ失敗を繰り返していては、成長がありませんし、株式投資の世界で儲け続けることはできません。

ですので、**損失を出した時は自分なりに原因を分析しましょう。**そして、同じ失敗を二度と繰り返さないことです。失敗のたびに原因を分析して自分の投資方法を洗練させていけば、次からは、上達してより儲けやすくなります。

失敗は貴重な経験です。自分の経験だけでなく、他人の経験からも学ぶことができれば、より早く経験を積み、より早く勝ち組投資家になることができるでしょう。

実践7　自分の都合で株を売り買いしない

株式投資をしている時に、どうしてもお金が必要になることがあるかもしれません。

しかし、自分の都合で株を売却するのは、お勧めできません。

株価は常に動きます。特に需給によって大きく動くこともあります。そして、株式投資で儲けるためには、売りたい人が多くて皆売りたがっている時に買って、買いたい人が多くて皆買いたがっている時に売るのが基本です。

需給とはまったく関係ない理由で現金が必要なこともあるでしょうが、得てして現金が必要になる時は株価が安値圏にあることが多いものです。

どうしても現金が必要な時があるかもしれませんが、急に現金が必要になったからといって、**株式を売って現金を用意するのはできる限り避けましょう。**

実践8 目標額に達するまでは儲けても使わない

デイトレーダーの方に多いのですが、株式投資で儲かったから今日は豪華なランチにする、といった方を見かけます。

せっかく**株式投資で儲けても、儲けた額をすぐに使ってしまえば、お金を貯めることはできません。**こういう方は、自分が永久に儲け続けられるとは思っていない傾向があり、儲かった時にその儲けを使ってしまうのです。

しかし、億単位の資産を株式で築きたいのであれば、途中で儲けてもその儲けを使ってはいけません。儲けたお金を使ってさらに儲けるための歯車を回す必要があります。

年に数パーセントの利回り商品でも、何十年と複利で回せばとても大きな資産になります。それと同様に、株式で出した利益も再投資することで資産家への道が近づきます。

１００万円を２００万円にする道のりと、１億円を２億円にする道のりはほぼ同じだからです。１００万円から1億円の資産を目指すのであれば、１０００万円まで来たらやっとまだ道半ばと考えれば、最初のほうで利益を使えないことがわかると思います。

とはいえ、何も使わないとモチベーションが保てないこともあるでしょう。その場合は**株主優待分と配当の2割とか、成功した自分へのご褒美と家族サービスのために使う額を決めておく**といいと思います。

実践9　勝っている人の意見を参考にする

株式投資の世界に限らず、その世界で成功している人の意見は参考になります。

身の周りにいる、あるいはネットで知り合った、株式投資で実際に利益を出し続けている人の意見を参考にするのが成功への近道になります。

もし、自分と投資手法（短期投資・長期投資とか、ファンダメンタルズ重視・テクニカル重視など）が近い方であれば、実際にその人の手法を真似てみましょう。最初は案外そのまま真似たほうがうまくいくかもしれません。自分に実力がついてくると、より自分に合った投資方法を求めて自分のやり方を確立することができるでしょう。

投資手法まで聞けなくてもアドバイスなどが聞けた場合、それを素直に実践してみると成功への道が見えてきます。

自己コントロール・9つの実践

◆実践1　買う時は必ず自分の言葉で買う理由を書く

◆実践2　損切りは必要な時だけ行う

◆実践3　定期的に株価・IRをチェックする

◆実践4　持ち株の1つが倒産しても耐えられる投資を

◆実践5　有望な株がない時は現金を持ち続ける

◆実践6　負けた時は原因分析し、投資の糧にする

◆実践7　自分の都合で株を売り買いしない

◆実践8　目標額に達するまでは儲けても使わない

◆実践9　勝っている人の意見を参考にする

第8章

資産を大きく増やした実践投資法を公開

最後に、私が資産をどうやって築いてきたかについて、具体的な事例を紹介いたします。第1章に書いた通り、数年程度で億単位の資産を築くためには、銘柄をしっかり選んだうえで、大きく勝負することが必要になります。

そこで、私が資産を築くにあたり、どんな銘柄でどんな判断をして、どんなトレードをしてきたのか、少しでも皆さんの参考になればと思い、紹介させていただこうと思います。

3259 グローバル住販（現3271 THEグローバル社）（1回目）

1つめの事例はリーマン・ショック前に投資した、新興不動産会社の「グローバル住販」（現、THEグローバル社）です。

2008年5月、リーマン・ショック前に一時的に日経平均が戻り始めていた時期の話です。

私は掲示板を巡回している時に、この会社の名前を目にしました。とんでもない上方修正をしたと。それは調べてみなければと、早速その日に出た決算短信を読み込みました。

5万円台の株価に対し、1株当たり純利益が第3四半期（3Q）時点で4万8000円です。PER1倍台など、94ページで示した偽りの低位株でない限りあり得ない数値です。しかし、決算短信の中身を確認した限り、4万8000円の1株当たり純利益は本物でした。

不動産会社は業績が景気に左右されやすいため、PERは他の業種に比べて低めになりがちです。それでも、しっかり利益を出している会社のPERが5倍を切ることはまずありません。

そこから私は、株価24万円くらいは行くと計算しました。PER5倍になる株価です。

次の日から買い注文を入れますが、当然のことながらストップ高に張りついて買うことができません。しかし、私は妥当株価24万円という自己判断がありましたので、迷うことなく成行きで買い注文を入れました。

成行き注文とは、株価がいくらであっても買うというもので、売買が成立した時に最優先で約定します。そのため、ストップ高に張りついた銘柄を買いたい時は成行き注文にします。

それと同時に、他の銘柄をすべて売却して、すべての余力をグローバル住販の買いに回しました。

2日目、3日目とストップ高で比例配分（ストップ高・安で取引が成立しない際に、証券会社の注文数ごとに売りや買いの注文を比例配分して約定させるしくみ）の日が続きます。わずかな売りの比例配分も、成行き注文の中でも大口の買いが優先されて1株も買えることなく、株価は10万円まで上がりました。

こうなると、買えないと諦めたり、買った後に急落するのではと思う人が出てきて、買い注文の量は減っていきます。

持っている人も株価の急騰に怖くなり、寄りついた（売買が成立して価格がついた）瞬間に急落するのではないかと考えるようになります。そのため、とりあえず売り注文を入れておいて、引け前に売り注文をキャンセルする人が増えてきます。これが普通の人間心理です。

そして、ここに大口がいれば、すぐに売ってくる株主よりも、いま買いたい株主のほうがより高い株価でも持っていてくれると考えるため、あえて手持ちの株を一部売って寄らせることがあります。本当に大口がいたかどうかはともかく、実際に次の日に寄りつきました。

こうして私は10万円ちょっとの株価でグローバル住販の株を買うことができました。その直後に、ここが天井だと考えて売ってくる人が大量に出てきましたが、推定大口が寄せた分の買戻しのために全部吸収して、すぐにまたストップ高で張りつきました。

数日前まで5万円台だった株を10万円で全力買いするのはなかなか勇気がいるものです。しかし、私は自分の中で妥当株価を24万円と計算していましたので、躊躇することなく全力で買いに行きました。すぐに寄らなかったために、他銘柄をすべて売る時間もありました。

実際、株価は一瞬ですが25万5000円をつけて落ちてきました。株価が天井をつけたのを確認して、私は全株を利益確定しました。妥当株価と考えた24万円が定着することなく株価は落ちていきましたが、計算した24万円を一度はつけたこと、そして、チャートを見て株価が天井を打ったことを確認したため、利益確定を開始し、株価が18万円まで落ちた時には全株の売却が完了しました。

こうして、わずか2週間ほどで私は資産を急激に増やすことができました。

ただし、当時はうまくいきましたが、不動産会社は大型物件の売却で一時的に利益が急騰する場合があるので要注意です。そのため、不動産会社の投資に対しては、その利益が持続的に出せるのかどうかを見極める必要があります。グローバル住販の場合、それができないと判断されたため（実際できませんでしたが）、その後は株価が急落しました。

買いの理由：本物の割安株（ＰＥＲ1倍台）
上昇の理由：割安株の株価の是正（ＰＥＲ5倍程度に）
売りの理由：妥当株価（24万円）到達、チャートで短期の天井を確認

3259グローバル住販（現3271 ＴＨＥグローバル社）（2回目）

その後、リーマン・ショックが発生し、ハイリスクな投資をしていた私は資産の9割以上を失いました。

しかし、2009年にはリーマン・ショックの動揺からようやく株価が回復を始めます。

そして、人間こういう時に一度成功の蜜を吸った銘柄が懐かしくなるものです。気づいたら、グローバル住販の株価は1万9000円まで落ちていました（最安値1万3300円までありました）。

リーマン・ショックに耐えられない不動産会社はすでに倒産しており、リーマン・ショ

ック直前に150社ほどあった上場不動産会社は100社程度にまで減っていました。

当時の1株当たり純資産は4万7000円程度。PBR0・3～0・4倍という数値は、当時の倒産リスク会社としては特別低い数値ではありませんでした。むしろ、どちらかというと新興不動産会社の中では高めの数値でした。

しかし、リーマン・ショックの後遺症が落ちつき、平常時へ戻るとなると、この数値は割安株に変わります。私は、リーマン・ショックで株価が大きく落ちた銘柄であれば、平常時に戻る時に、株価の上がる伸びしろが大きいはずだと考えました。

しかも、ちゃんと配当もしているのです。前期は上方修正の影響で2800円の配当。今期も600円配当の予定でした。

他の会社は無配継続が多い中、この配当予定は、会社側にまだ余力があるというメッセージでもありましたので、かなりの買い安心感になり、リーマン・ショックからのリバウンド狙い銘柄となる決め手になりました。

そして、日経平均も底を打って上がり始めたこともあり、さすがにこのあたりが底だろうと考え、私は再度グローバル住販の株を買い始めました。

この時は前回のように全資産を1銘柄に集中させることはしませんでしたが、それでも余力の半分以上をグローバル住販につぎ込みました。

今回は全体市況も業績も回復途上で、業績で目標株価の見込みを立てることはできません。ですので、ある程度チャートを見て上昇が落ちついたところで利益確定する方針で考えました。

途中、値幅とりでお小遣い稼ぎなどもしましたが、基本的には最初に買った株を持ち続け、日経平均等、全体市況の改善に合わせて株価は上昇を続けました。結果として、買ってから3～4か月で、最初の調整がきましたので、その近辺で持ち株の利益確定をしました。平均2万円台で買った株を10万円以上で利益確定することができました。

ただし、私は持ち株を約4倍の値段で売ることができましたが、結果だけで言うと、当時無配で財務状況も悪かったため株価がどん底まで落ちていた銘柄の株価上昇はその比ではありませんでした。中には1年半かけて株価が100倍以上になった銘柄もあります。

私は1銘柄に資産の半分以上を投入したため、そのようなハイリスク株を選択するわけにはいきませんでしたが、倒産リスクがあるとはいえ、全体のパフォーマンスを考えれば、少しはそのような銘柄を買っていてもよかったかなと思っています。

買いの理由：全体市況が回復するにあたり株価の伸びしろあり。株価下落率が高いが、倒産リスクが少ない銘柄

上昇の理由：全体市況の回復に合わせた株価上昇
売りの理由：チャートで短期の天井を確認

8508 Jトラスト

2010年当時は、民主党政権で日経平均が足踏みする中で、不動産会社の株価の回復は一服し、ここから先は業績が良くなっている銘柄だけがさらに株価を上げる状況になっていました。

この時期、私は掲示板で名前のあがった銘柄を片っ端から調べていましたが、なかなかいい銘柄に巡り合えませんでした。購入した銘柄もありますが、大して儲からなかったり、損切りする羽目になったりしていました。

そんな中、ようやくここは面白い、と思ったのがJトラストです。

現社長が、元の大株主から株式を買い取り、完全にオーナーが変わった会社でした。

業種は金融業で、メインは債権回収業。消費者金融も行っていました。当時、４大消費者金融会社と言われた、武富士・アコム・アイフル・プロミスなどと比べると小粒でしたが、その分、大手４社を軒並み赤字に追い込んだ過払い金問題の傷がそれほど大きくありませんでした。

さらに、リーマン・ショックで焦げついた債権を安値で買い取って、買取金額以上に回収することにより利益を上げ始めていました。実際に、２０１０年３月の決算では売上３倍・営業利益10倍と、大きく利益を伸ばしていました。

これだけ会社を積極的に大きくしようとしているにもかかわらず、株価は３００円ちょっと。過去の過払い金の赤字等で法人税を払っていない分を差し引いて考えないといけないものの、１株当たり純利益１４０円でしたからＰＥＲ２倍ちょっとです。過去の赤字分が消えて、法人税を払ったとしてもＰＥＲは４倍程度。成長期のため無配ではあるものの、１株当たり純資産も３７０円あり、当時のＰＢＲは０・９倍。この業績を続けるなら、どう考えても安いと思いました。

ここまで株価が安値に放置されていた理由は、恐らく、新社長の積極拡大路線がリスクと考えられていたのでしょう。会社を傾けるかもしれないと。

そこで、私は社長についてどのような人物なのかを調べてみることにしました。幸い、ネット上にインタビュー記事がのっていたため、これまでの実績などを知ることができました。

さらに、私は社長に直接お会いしたことはありませんが、新社長は私の高校の先輩であり、多少ですが人となりを聞くこともできました。その結果、新社長は信頼できる人だと自分の中で判断しました。この人になら資産のほとんどを預けてもいいと。

仮に失敗しても、ＰＢＲが1倍を切っている現状、下値は知れています。逆に、大きな成果を出せば株価は大きく上がる可能性があると判断しました。

こうして、私はＪトラストと2年あまりの付き合いをすることになりました。

途中では色々ありましたが、新社長は株主の期待に応えて積極買収等で次々と会社規模を拡大させました。さらには、一度はダメだと思っていた武富士の買収が成功した時に、私の中でこれが積極拡大の思いつく最後のネタでしたので、このあたりでいったん売却することを考えました。

そして、その後の上昇で短期チャートが天井をつけたところで１６００円（分割後８００円）ですべて利益確定しました。その後、株価が調整後さらに上をつけ、1年後のアベノミクス上昇で分割後４０５６円をつけましたので、結果的に利益確定は早すぎたことになりました。

買いの理由：新社長の積極拡大路線がリスクと考えられて株価が不当な安値に抑えられていた。購入時の株価であれば、成功すれば数倍の株価が期待できるうえ、失敗しても下値は限定的
上昇の理由：新社長の積極拡大政策が成功し、業績の大幅成長による株価是正
売りの理由：積極拡大の目標をひと通り達成したため短期チャートの天井を見て売却

9427 イー・アクセス（9984 ソフトバンクに吸収合併）

Jトラストの売却後、新しい銘柄を探して、私は掲示板等を巡回していました。

イー・アクセスはその中で調べた多数の銘柄の中の1つです。

当時、大手3社（ドコモ、au、ソフトバンク）が占めている携帯電話業界において、第4の携帯電話会社として事業を行っていました。しかし、足元の業績が思わしくなく株

価は下落を続け、1万8000円まで落ちていました。

しかし、イー・アクセスは、携帯電話会社にとって大事な電波周波数帯の権利を持っていました。これは、第4の携帯会社となるためにどうしても必要なものです。逆に言うと、他の3大携帯電話会社にとっても魅力的です。

私がソフトバンクの社長ならこの会社買収するよな、時価総額250億円なのにお金では絶対に買えない貴重な周波数帯を持っているし……と考えながら、どこかの会社が買収する可能性はあると思っていました。

買収の可能性を抜きに考えても、業績が普通に回復すれば1株当たり純利益4000～5000円は見込めました。PBRが高めで下値の不安はありましたので、資産の大半を投資するようなことはできませんでしたが、今後が魅力的な会社だと思って購入しました。

そして、購入のわずか2週間後、もう少し買い増ししようかなと考えていた矢先、ソフトバンクがイー・アクセスを買収するというIRを発表しました。その時の株価は1万5000円くらいでしたが、交換比率から実質5万2000円相当による買収でした。

ありうると考えていたとはいえ、まさかソフトバンクが本当に買収するとは。私は、わずか2週間あまりで大きな利益を得ることができました。

株式投資は他人の心理を読むことが重要ですが、他の投資家だけでなく経営者の心理を読むことで儲けることもできるという事例になりました。

買いの理由：足元の業績が悪いため株価が落ちているが、業績が回復しさえすれば相当な割安株になる。貴重な電波周波数帯の権利を保有しており、この会社を買収する会社が現れた場合に、買収プレミアムが期待できる
上昇の理由：買収（実際は株式交換）発表により、買取価格までの価格調整
売りの理由：買取価格に近づいたため利益確定

3656 KLab（1回目）

判断的にはこれは失敗事例ですが、結果的に利益を出しましたので、あげさせていただきます。

平成25年（2013年）に入った頃、私はスマートフォンを初めて購入しました。携帯電話で外にいてもトレードがしたかったのです。私自身スマホが欲しくて買いましたし、周りにもスマホに買い替える方が続出していましたので、興味を持ってスマートフォンがらみの銘柄を調べました。その頃、スマホゲーム市場は高い成長を期待できるというレポートや記事が出ていました。

これだけスマホが売れているのだから、関連業種は儲かるだろうとの安直な考えで、スマホゲーム会社の業績を比較しました。実際、当時は市場規模の拡大期であり、スマホゲーム業界の多くの銘柄は成長を続けていました。私は、その中で株価が安値（550円程度）に抑えられている銘柄としてＫＬａｂを選びました。

昨年度の業績でＰＥＲ８倍程度。ＰＢＲ（株価純資産倍率）が高いものの、過去の成長を続けてくれればすぐに割安になる。199ページで述べたＪトラストのパターンで儲けられると考えていました。

しかし、株価は上がりません。むしろ、少しでも上がれば売りあびせがきました。おかしいなと思いつつ、Ｊトラストのように2年も待てば、成長により、あり得ない安値になるはずだと思って株を持ち続けました。

そして、２０１３年4月の決算発表でいきなりの大幅下方修正＋赤字転落。翌日には株価はストップ安をつけました。こういう時は、買いの理由が崩れたわけですから、即損切りするのが基本ですが、もうすぐ期待の新作ソフトが出るという話でしたので、しばらく様子を見てからにしようと損切りを思いとどまりました。

当時、スマホゲーム業界では、ガンホーのパズドラが圧倒的1位の地位を築いていました。そのパズドラでさえ、1位の地位をとるまでにはかなりの時間を必要としました。しかし、KLabの期待の新作は発売翌日にはパズドラに次ぐ2位をつけたのです。これは、スマホゲーム業界でも初の出来事で、翌日からストップ安から一転ストップ高まで買われました。

その結果、私はゲームのランキングを見るだけで株価が予想できることに気づきました。この考え方は、多くのスマホゲーム会社をトレードする投資家に浸透し、いまではランキングの推移からある程度の売上を推計することができるまでになっています。

とはいえ、そのゲームはIPもの（他社のコンテンツを使用したソーシャルゲーム）であり、サービス開始翌日のランキング2位はそのIPのヘビーユーザーが一気に課金したために起きた現象で、ランキング2位を維持することはできませんでした。これでは、売上が劇的に改善することは難しく、年ベースですでに19億の営業赤字の中、この新作1本では黒字化も困難な順位まで落ちてきました。

その後、赤字から3か月後の第3四半期（3Q）決算が近づいたにもかかわらず、株価は2000円まで上昇。すでに、自分としては仕手株であろうと判断するレベルまで上がっていました。掲示板を見ても、時価総額をガンホー・オンライン・エンターテイメント（3765）と比較する論調もあり、まだ夢を見ている株主が多数いることがわかりました。いずれ、四半期単位での赤字継続（決算的には赤字拡大）が現実になれば、多くの株主の想定株価と現実の実績が乖離していることが表面化することは明白でした。

ですので、私は決算前に株価が2000円と短期の天井をつけた時に、もう当面この高値は抜かないと思いましたので、徐々に売却を始め、全部売り切ったのは3Q決算当日の朝でした。

案の定、3Q決算では予想通りの赤字拡大、翌日はストップ安をつけて、その後株価は時間をかけて517円まで下がりました。もともとの買い理由が間違いだったのですが、1本の新作のスタートダッシュにより、結果的に大きく儲けることができました。

買いの理由：同業の中での成長割安株（失敗）。パズドラ（ガンホー）を超える史上最速の売上初動で大化けの期待（実際に買うならこういう理由で買うべき）
上昇の理由：新作が史上最速の好調な出だしで、大化けの期待による上昇
売りの理由：高順位のランキングは一時的なもので、もともとの大幅赤字を黒字化す

るだけのパワーは持たない。遅くとも、それが具現化する3Q決算までには売り抜け。タイミング的には、チャートで短期天井をつけたところで売り

3843 フリービット

この銘柄はもともと、何度も損切りを繰り返していた銘柄でした。好材料を先読みしても、思ったように上がらず、逆に何も材料がない時になぜか急騰するという不思議な銘柄でした。そして、この銘柄もトレードとしては失敗になりますが、幸運が起こった後の立ち回りにより儲けることができた銘柄です。

フリービットは、過去に何度も新しいことにチャレンジしては失敗するということを繰り返していました。しかし、継続課金収入による盤石な収入基盤を持っていましたので、毎回チャレンジする資金はしっかり捻出できていました。というか、その資金の範囲で色々な新製品を開発していました。結局、黒字化できたものは多くなかったのですが。

過去に新製品に期待して失敗したことは多々ありますが、それほど大きな額を投資して

いませんでしたので、大損はしていませんでした。

そして、掲示板を見ていると面白いことに気づいている人がいました。チャートが美しすぎると。実際に確認してみると、抵抗線・支持線を引くと、まるで定規で測ったかのように綺麗な線が引けました。しかも、掲示板でそこに反応している人はほぼいませんでした。

２００８年８月から５年近く続いた右肩下がりの上値抵抗線がそろそろいま（２０１３年４月）の株価の近くになってきます。過去に抵抗線を超えた時は、なぜか少し間をおいてから株価が急騰しており、しかも５月の急騰でいったん抵抗線をブレイクしていました。これは面白いかもと思い、株価が安値圏（５００円前後）にあることもあり、今回は多めに買ってみようと思って買い進めました。

そんなチャートだけの理由で買ったのか、と言われそうですが、過去の上げは何か面白そうな（しかし結局は売れない）新製品を出すたびに、ある程度上げている銘柄でしたので、逃げるチャンスはあると思いながら、買い増しました。

そして、出たのが格安携帯電話事業参入。この頃から、各社が次々と参戦してきましたが、フリービットの特徴としては、回線こそＮＴＴに借りるものの、それ以外は全部自分のところでやるというのが画期的でした。他社の場合、ハード、ソフト、回線などのパーツによって担当会社が違うため、問い合わせに手間取るということがあったのです。

1%のシェアでもとれれば売上数倍、という会社の目標を見て、翌日から買いが殺到しました。しかし、この会社が何度もそうやって上げては戻ってきたのを知っていますし、また、新事業期待上げはどこかで必ず息切れして株価が落ちてきますので、短期的な天井をつけたら売ることは決めていました。

本当にシェア1%をとれれば株価5桁は軽く行くと思いましたが、それはないだろうと思っていましたので、目標株価の推計は行わず、チャートだけで売ろうと決めました。

天井がわからないため、途中で細かく利益確定しつつ、2800円を天井と確認してからは、早めの売却をしました。平均2100円くらいで売ることができました。

買いの理由：美しいチャートと抵抗線上抜けが近い（失敗）。格安携帯電話事業への新規参入期待（実際に買うならこういう理由で買うべき）
上昇の理由：格安携帯事業により企業規模が変わると期待されての上げ
売りの理由：チャートで短期の天井を確認

3656 KLab（2回目）

一度は、成長期待を目論んで失敗し、幸運に助けられたKLab。赤字が続いていましたが、その後も動向を追ってはいました。

毎期の決算短信や決算説明資料・社長の説明動画をチェックし、四半期ごとの損益が赤字ながらも少しずつ状況が改善してきていることを把握しました。このままいけば、平成26年度（2014年度）の第1四半期（1Q）か遅くても第2四半期（2Q）で黒字化するという予想も立てられました。1Q決算発表は5月、2Qなら8月です。

第3章に書いた通り、赤字のために株価が低く抑えられている銘柄は、黒字化を果たすと株価が黒字なりに評価されるため株価は急騰します。それを狙って、黒字化前には買い集めておきたいと思い、株価がじりじりと下げる中、逆張りで買い進めていました。少し買いが早かったせいか、平均取得価格は約700円と思ったより高くつきましたが、4月中にはすべての買いを終了させました。

1Qがダメでも2Qまで待つつもりではいましたが、会社は1Q前に黒字化達成IRを出してきました。

時期が予想より早かったですが、黒字化は予想した通りで、その後株価はぐんぐんと上昇していきました。

次に、いつもの通り目標株価を計算します。しっかりと利益を出している同業他社は、当時はおおむね成長性の高い銘柄で売上の3倍、安定して黒字を出している銘柄は売上の2倍程度の時価総額を持っていました。KLabはどう考えても後者にあたりますし、まだ黒字化したばかりでそのレベルまで買われるかどうかも疑問です。とはいえ、参考として、売上200億円（2Q予想の倍）の時価総額400億円が当面の目標と考えていました。株価に換算すると1300~1400円程度です。

ただし、黒字化したばかりのKLabの場合、これは最大目標であり、そこまでいかなくても天井をつけたら売却の方針で考えます。

ここまで方針を決めたうえで、株価の動向を追います。8月には株価は一時2454円をつけました。これは完全に行き過ぎていると思って見ていました。そして、短期チャートが天井をつけます。完全に売却のパターンです。

天井を確認するのに時間を要しましたので、多少下がってからの売りとなりましたが、1900円から2000円の間で全株売り抜けることができました。

全株売り抜けた後、株価は１３２０円まで落ちました。ただ、２０１４年はＫＬａｂの業績がその後もさらによくなったため、１３２０円までしか落ちませんでした。

この時は、準備から何から絶対の自信がありましたので、資産の大半を投入して大きな利益を上げることができました。

買いの理由：赤字のため株価は低く抑えられているが、近いうちに黒字化が見込める
上昇の理由：黒字化を受けて、株価が妥当価格まで上昇
売りの理由：チャートで短期の天井を確認

以上が、私が過去に大きく儲けることができた事例です。これらが、少しでも皆さんの投資の参考になればと思います。

堀　哲也（ほり　てつや）
日本株式専門投資家。7年間で60万円の資産を3億円に増大させた日本株式専門の投資家。1971年生まれ。名古屋大学理学部数学科卒。岐阜県在住。

●facebook
https://www.facebook.com/profile.php?id=100009287389911

日本株《にほんかぶ》
独学《どくがく》で60万円《まんえん》を7年《ねん》で3億円《おくえん》にした実践投資法《じっせんとうしほう》

2017年1月1日　初版発行
2017年10月1日　第10刷発行

著　者　堀　哲也
発行者　吉田啓二

発行所　株式会社日本実業出版社　東京都新宿区市谷本村町3−29　〒162-0845
大阪市北区西天満6−8−1　〒530-0047
編集部　☎03-3268-5651
営業部　☎03-3268-5161　振　替　00170−1−25349
http://www.njg.co.jp/

印刷・製本／三晃印刷

ISBN 978-4-534-05458-6　Printed in JAPAN

日本実業出版社の本

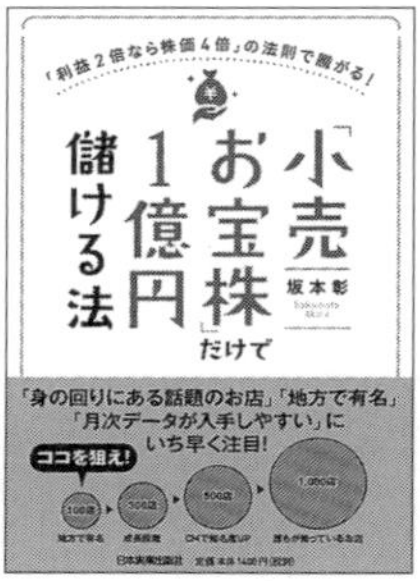

「小売お宝株」だけで1億円儲ける法

坂本彰　定価 本体 1400円（税別）

個人投資家が自力で「お宝株」を探しやすいのは業務内容、業績の推移がわかりやすい“小売株”。ここに目をつけ、「利益２倍・株価４倍」の法則で100万円を5年で5000万に増やした投資法を紹介します。

ウォール街の金融マンも学んでいるお金持ちになる心理学

和泉昭子　定価 本体 1400円（税別）

「お金は不浄なもの」という潜在意識があると、行動が制約されてお金持ちになれないといわれます。本書ではウォール街の金融マンも受講する『The money clinic』をベースに、そうした状況を改善する方法を紹介！

株は1年に2回だけ売買する人がいちばん儲かる

伊藤智洋　定価 本体 1400円（税別）

チャート分析の第一人者である著者が長年の研究と投資実践から生み出した「株価には年に２回、動くべき時期＝パワートレンドがあり、チャート分析の確度が高まるため、簡単に儲けられる」というノウハウを初めて解説。

※定価変更の場合はご了承ください。